U0563968

新一代 电力交易平台（省级）设计丛书

业务模型设计
技术支撑分册

北京电力交易中心有限公司　组编

中国电力出版社
CHINA ELECTRIC POWER PRESS

内 容 提 要

为加快全国统一电力市场体系建设，推动构建清洁低碳、安全充裕、经济高效、供需协同、灵活智能的新型电力系统，有效助力构建新型能源体系，进一步加快电力交易市场体系建设，北京电力交易中心有限公司组织各相关单位有关专家编写了《新一代电力交易平台（省级）设计丛书》。本丛书共 8 个分册，包括市场服务业务模型、市场出清业务模型、市场结算业务模型、技术支撑业务模型以及市场服务需求规格、市场出清需求规格、市场结算需求规格、技术支撑需求规格，对省内电力交易的业务流程、业务活动和业务信息等内容进行了深入浅出地讲解。

本分册为《新一代电力交易平台（省级）设计丛书 业务模型设计 技术支撑分册》，主要介绍概述、术语和定义、主要依据、总体系统架构、总体结构图、业务项及子项一览表、系统管理、平台基础支撑、安全管理、展望等内容。

本套丛书既可作为发电企业、售电公司、电力用户等市场主体从业人员系统学习省内电力市场全环节业务的专业书籍，也可作为咨询人员、工程技术人员和高等院校师生的参考用书。

图书在版编目（CIP）数据

业务模型设计. 技术支撑分册/北京电力交易中心有限公司组编. —北京：中国电力出版社，2024.4
（新一代电力交易平台（省级）设计丛书）
ISBN 978-7-5198-8172-6

Ⅰ. ①业… Ⅱ. ①北… Ⅲ. ①电力市场－市场交易－管理信息系统－系统设计－中国 Ⅳ. ①F426.615

中国国家版本馆 CIP 数据核字（2023）第 183506 号

出版发行：中国电力出版社
地　　　址：北京市东城区北京站西街 19 号（邮政编码 100005）
网　　　址：http://www.cepp.sgcc.com.cn
责任编辑：刘子婷（010-63412785）
责任校对：黄　蓓　于　维
装帧设计：张俊霞
责任印制：石　雷

印　　　刷：三河市百盛印装有限公司
版　　　次：2024 年 4 月第一版
印　　　次：2024 年 4 月北京第一次印刷
开　　　本：787 毫米×1092 毫米　16 开本
印　　　张：11.75
字　　　数：224 千字
印　　　数：0001—3500 册
定　　　价：68.00 元

版 权 专 有　侵 权 必 究

本书如有印装质量问题，我社营销中心负责退换

丛书编委会

主　任　史连军　谢开

副主任　庞博　常青　曹瑛辉　李增彬　谢文

成　员　李竹　刘硕　汤洪海　张显　周琳

　　　　王琪　何显祥　徐亮　刘永辉　王立

本分册编写组

组　长　谢文

成　员　陈庆祺　刘永辉　嵇士杰　王立　赵彤

　　　　刘虎　宁卜　李天野　何乐天　韩一涛

　　　　孙鸿雁　邵平　吕文涛　王赢方　李丽丽

　　　　杨宁　胡婉莉　白宇　刘杰　李海强

　　　　王海宁　杨争林　张捷　王栋　李玉

　　　　潘加佳　张程　张鹏征　张吉生　李永波

　　　　高春成　刘俊　付晓杰　袁明珠　方印

习近平总书记指出，能源保障和安全事关国计民生，是须臾不可忽视的"国之大者"。党的二十大报告提出，要积极稳妥推进碳达峰碳中和；深入推进能源革命，加快规划建设新型能源体系，加强能源产供销储体系建设。习近平总书记重要指示和党的二十大报告精神，为能源电力高质量发展提供了根本遵循。中央深改委审议通过《关于深化电力体制改革　加快构建新型电力系统的指导意见》，国家发展改革委、国家能源局陆续出台《关于加快建设全国统一电力市场体系的指导意见》《电力中长期交易基本规则》《电力现货基本规则（试行）》《电力市场信息披露基本规则》《关于建立煤电容量电价机制的通知》等政策文件，为多层次统一电力市场建设指明方向和目标，为各类交易品种建设和各类主体参与市场提供了支撑。

北京电力交易中心积极落实改革有关任务，积极推动电力市场体系建设，在全国统一电力市场建设、能源资源大范围优化配置、新能源消纳等方面取得了积极成效。经过各方多年共同努力，我国电力市场已形成了"统一市场、两级运作"的总体架构，空间上覆盖省间、省内，时间上覆盖中长期、现货，品种上覆盖电能量、辅助服务的全范围、全周期、全品种市场体系。省间中长期交易已实现连续运营，省内中长期连续运营稳步推进，现货市场建设全面加快。辅助服务市场体系不断完善，容量价格机制有效落地，绿电绿证交易取得新突破。目前，国家电网经营区市场化交易电量占比超过 75%，省间交易电量占比超过 20%，电力市场在资源优化配置中的作用充分彰显。

电力交易平台是电力市场体系架构和交易运营业务落地应用的重要技术载体。北京电力交易中心持续推动交易专业数智化转型，实现数字技术与交易业务深度融合，聚焦中长期与现货市场协同运营、基于可用输电能力（ATC）的多通道集中优化出清、高性能柔性结算、绿电绿证交易及消费核算、电商化"e-

交易"、全市场数据能力中心、电力市场全景仿真等重点领域，攻克了诸多关键技术难题，取得了一系列具有自主知识产权的科技创新成果。建成了覆盖省间和 27 个省市场，具备"业务运作实时化、市场出清精益化、交易规则配置化、市场结算高效化、基础服务共享化、数据模型标准化"特征的新一代电力交易平台，成为世界首套"云-台-链-智"融合的电力交易系统，建立了弹性调度、安全可靠的云架构技术支撑体系，构建了基于能力共享、运转灵活的电力交易业务中台系统架构，实现市场服务、市场出清、市场结算、市场合规、信息发布和系统管理等六大业务应用，设计了基于区块链的电力交易、溯源和认证技术，全面支撑了多层次统一电力市场高效协同运营。为促进新能源消纳和大范围优化配置、支撑新型电力系统建设、服务广大市场主体提供了坚强的技术保障。

随着新型电力系统建设不断推进，电力市场化改革逐步迈入"深水区""无人区"，电力市场建设面临供需形势变化拐点和新能源消纳与发展形势拐点。电力市场建设必须紧密结合电力系统电源构成、电网形态、负荷特性、技术基础、运行特性等方面发生的新变化，适应目标多元化、价值多维化、组织精细化、空间分层化、资源聚合化等新要求，更好服务和支撑新型电力系统建设运行需要。

在建设全国统一大市场，健全多层次统一电力市场体系的新征程上，需要进一步推动电力市场知识的普及、电力市场意识的培育、电力市场研究的深化、电力市场智慧的凝结。《新一代电力交易平台（省级）设计丛书》充分考虑了当前各省电力交易组织的实际情况，全面、系统地梳理了省内电力市场交易业务，是国内首套集中深入总结和提炼省内电力交易业务的专业技术丛书。丛书内容详实、结构清晰，对推动我国电力市场发展、促进电力交易业务创新具有重要的参考价值与现实意义。愿广大读者朋友学用结合、共同努力，充分发挥电力市场对能源清洁低碳转型的支撑作用，携手书写中国式现代化能源电力新篇章，为强国建设和民族复兴提供安全、经济、绿色的能源服务。

中国工程院院士

中国电机工程学会理事长

2024 年 3 月

根据国家电力体制改革有关要求，北京电力交易中心于 2016 年 3 月 1 日正式挂牌成立。作为国家级电力交易机构，北京电力交易中心在电力市场建设、电力交易运营、技术支持平台建设等方面开展了大量前瞻研究与具体实践，形成了一系列技术标准、管理标准和科研成果，主持建设的新一代电力交易平台已成为全球交易量最大的大型电力市场技术支撑系统。截至 2023 年底，国家电网有限公司经营区范围内，在电力交易平台注册的发电企业、售电公司、电力用户等经营主体共 56.8 万余家。新一代电力交易平台有力支撑了中长期、现货、辅助服务等全周期、多品种交易，有力统筹了省间与省内、中长期与现货、交易与运行、批发与零售业务，服务了新型电力系统建设，在"保供应、促转型、稳价格"方面发挥了重要作用。

新一代电力交易平台包括省间、省级两部分，分别承担跨省跨区、省内电力交易业务，省间平台于 2020 年 7 月正式运行，省级平台于 2021 年 6 月正式运行。为总结新一代电力交易平台建设成果，北京电力交易中心于 2021 年组织编写了《新一代电力交易平台（省间）设计丛书》，受到了业界好评。此次又组织编写了《新一代电力交易平台（省级）设计丛书》，包括市场服务业务模型、市场出清业务模型、市场结算业务模型、技术支撑业务模型以及市场服务需求规格、市场出清需求规格、市场结算需求规格、技术支撑需求规格共八个分册，对省内电力交易的业务流程、业务活动和业务信息等内容进行了深入浅出讲解。本套丛书既可作为发电企业、售电公司、电力用户等市场主体从业人员系统学习省内电力市场全环节业务的专业书籍，也可作为咨询人员、工程技术人员和高等院校师生的参考用书。

本分册是《新一代电力交易平台（省级）设计丛书 业务模型设计 技术支撑分册》。第 1 章通过分析电力交易业务开展对交易平台提出的支撑需求，提出了交易平台技术支撑模块的建设目标。第 2 章规定了本分册所用术语和定义。第 3 章列出了技术支撑模块需遵从的国家及电力行业所颁布的相关管理规定和技术要求。第 4 章介绍交易平台技术路线及由业务服务、业务中台、公共组件和数据存储 4 大部分组成的系统总体架构。第 5 章介绍了系统总体结构图。第 6 章以清单形式罗列了系统全量业务项及业务子项。第 7 章详细描述系统管理的内容与作用,逐项介绍用户管理、流程管理、系统配置、系统诊断分析等模块。第 8 章主要介绍了市场模型匹配工具、横向纵向以及外部数据交互、告警服务等平台基础支撑能力。第 9 章从安全物理环境、安全通信网络、安全管理中心等方面系统阐述了交易平台应具备的安全保护能力。第 10 章在深入分析电力交易业务发展趋势以及交易平台技术演进路线的基础上,梳理了平台建设面临的形势,并展望了未来的发展方向,为下一代电力交易平台建设奠定了基础。

需要说明的是,本套丛书涉及大量的流程和岗位角色,编者为了方便读者理解,编制了组织单元图,努力为所有流程和岗位角色提供统一的命名。丛书中所列的组织单元图、业务流程图仅仅是一种示例,可能跟实际情况有差异,请读者朋友知晓。

本套丛书编写全过程,得到了首都、天津、河北、冀北、山西、山东、上海、江苏、浙江、安徽、福建、湖北、湖南、河南、江西、四川、重庆、辽宁、吉林、黑龙江、蒙东、陕西、甘肃、青海、宁夏、新疆、西藏电力交易中心,以及南瑞集团北京科东公司、中国电科院电自所、计量所、四川中电启明星公司、国网区块链科技公司等单位大力支持,在此一并深表谢意!本套丛书凝聚了电力市场专家团队、电力交易平台建设队伍近二十年的研究成果和实战经验,并以此为基础进行总结和提炼,希望能为读者带来帮助和启迪。

由于编者水平有限,书中难免存在不足和疏漏之处,恳请各位读者批评指正。

编　者

2024 年 3 月

1 概　述

经过三年多的建设，支撑发电侧、用户侧同时参与市场竞争的全国统一电力市场技术支撑平台已全面建成，在国家电网有限公司（以下简称国网公司）经营区范围内 34 家单位部署实施，并投入应用，实现了电力交易全业务流程的在线运作和市场运营风险管控。

电力交易业务的不断发展，对全国统一电力市场技术支撑平台的稳定运行和支撑能力提出了更高的要求。随着售电公司正式进入市场参与交易，交易机构与电网企业之间的业务界面和业务流程逐步规范，需要建设更加灵活、可靠的新一代电力交易平台，依据业务规范实现注册、交易、结算等全业务支撑。新一代电力交易平台按照"统一设计、安全可靠、配置灵活、智能高效"的原则，遵循"一平台、一系统、多场景、微应用"的建设理念，以满足业务需求为导向，实现"资源调配更弹性灵活，数据利用更集中智能，服务集成更统一高效，应用开发更快速便捷"的建设目标。

为进一步强化新一代电力交易平台的基础管理功能和各项业务支撑能力，明晰系统管理功能对电力市场各业务环节的服务内容，优化平台管理、服务工作流程，实现对电力交易平台硬件状态、能力组件状态、业务应用软件的系统集中管理，为需求分析、功能设计等提供参考，特编写本书，内容涵盖用户管理、用户权限、流程管理、日志管理、系统配置、系统监视、系统诊断分析、平台数据模型工具、市场模型匹配工具、报表服务、公式服务、并行计算服务、人机界面、告警服务、文件服务、电子签章服务、数据校验服务、访问控制、数据处理服务、定时任务服务、数据归档和备份服务、主动安全防护服务、电网企业数据交互、纵向数据交互、市场主体数据交互、灰度发布、需求管理工具、平台身份认证服务、区块链绿电溯源服务等。

2 术语和定义

本书涉及的术语和定义见表 2-1。

表 2-1   名 词 术 语 表

序号	名称	定　义
1	CPU 使用率	指运行的应用程序占用的 CPU 资源，用以表示硬件资源在某个时间点运行程序的情况，直观显示了运行程序占用的 CPU 资源
2	磁盘 I/O	磁盘读写性能的量化指标
3	电子签章	电子签章是电子签名的一种表现形式，利用图像处理技术将电子签名操作转化为与纸质文件盖章操作相同的可视效果，同时利用电子签名技术保障电子信息的真实性和完整性以及签名人的不可否认性
4	多因子认证	多因子认证是一种用于增强用户账号安全性的安全机制，要求同时使用两种及以上身份验证方式，例如密码、手机验证码、电子密钥、生物识别等
5	服务器	提供计算服务的设备，构成包括处理器、硬盘、内存、系统总线等，和通用的计算机架构类似，但是由于需要提供高可靠的服务，因此在处理能力、稳定性、可靠性、安全性、可扩展性、可管理性等方面要求较高
6	负载均衡	指通过负载均衡算法和策略将请求分摊到多个操作单元上进行执行，例如 Web 服务器、FTP 服务器、企业关键应用服务器和其他关键任务服务器等，从而共同完成工作任务
7	隔离装置	分为逻辑隔离和物理隔离，以实现对通信网络进行安全分区
8	哈希值	是把任意长度的输入通过散列算法变换成固定长度的输出，该输出就是散列哈希值

续表

序号	名称	定　义
9	灰度发布	灰度发布是指一种软件部署策略，其目的是逐步将新版本的软件或应用程序引入生产环境，以降低潜在的风险和问题。在灰度发布中，新版本的软件首先在一个小的、有限的用户群体中进行部署和测试，而不是立即将其推向所有用户
10	ISC	统一权限管理平台（Identity Security Control，ISC）是一种权限管理工具，对信息系统进行配置，基于用户身份、业务角色、业务组织控制系统菜单的权限，实现资源项的管理
11	JDBC	java 数据库连接（Java Data Base Connectivity，JDBC）是一种用于执行 SQL 语句的 Java API，可以为多种关系数据库提供统一访问，它由一组用 Java 语言编写的类和接口组成。JDBC 提供了一种基准，据此可以构建更高级的工具和接口，使数据库开发人员能够编写数据库应用程序
12	计算资源	指提供计算服务的单个、一组或分布式服务器
13	敏感数据	敏感数据是指不当使用或超出权限的查看修改会损害企业利益或交易的开展或不利于个人隐私权的所有信息
14	内存占用率	内存占用率是指某单一进程所或进程集合占用的内存开销在内存总量的比重
15	内网用户	指在信息内网应用进行业务活动的系统用户
16	OCR	光学字符识别（Optical Character Recognition，OCR）是指电子设备检查纸上打印的字符，通过检测暗、亮的模式确定其形状，然后用字符识别方法将形状翻译成计算机文字的过程
17	Oracle	Oracle Database，又名 Oracle RDBMS，简称 Oracle。是甲骨文公司的一款关系数据库管理系统
18	OWASP	开放式网络应用程序安全项目（Open Web Application Security Project，OWASP）是一个致力于提升 Web 应用程序安全的全球性开放性组织。它致力于通过开发和推广安全性最佳实践、工具和资源，提高 Web 应用程序的安全性
19	QPS	每秒查询率（Queries-per-second，QPS）是对一个特定的查询服务器在规定时间内所处理流量多少的衡量标准；在因特网上，作为域名系统服务器的机器的性能经常用每秒查询率来衡量

续表

序号	名称	定　　义
20	Redis	远程字典服务（Remote Dictionary Server，Redis）是一个开源的使用 ANSI C 语言编写、支持网络、可基于内存亦可持久化的日志型、Key-Value 数据库，并提供多种语言的 API
21	容器	容器（Container）是一种轻量级的虚拟化技术，用于将应用程序及其所有依赖项打包到一个独立的运行环境
22	SNMP	简单网络管理协议（SNMP），由一组网络管理的标准组成，包含一个应用层协议（application layer protocol）、数据库模型（database schema）和一组资源对象。该协议能够支持网络管理系统，用以监测连接到网络上的设备是否有任何引起管理上关注的情况
23	市场成员	电力市场的参与者和利益攸关方，包括市场主体、市场运营机构和系统运行机构
24	市场主体	符合电力市场准入规则的企业，作为参与电力市场竞争及运行的竞价实体，包括发电企业、售电公司、电力用户等
25	数字证书	由证书授权中心签发的，在互联网上提供身份验证的一种数字凭证。注：在电力交易的数据申报、结果确认等各个环节，验证对方证书的有效性，从而解决相互间的信任问题
26	Tomcat	Tomcat 服务器是一个免费的开放源代码的 Web 应用服务器，属于轻量级应用服务器，在中小型系统和并发访问用户不是很多的场合下被普遍使用，是开发和调试 JSP 程序的首选
27	WebLogic	WebLogic 是一个 application server（应用部署容器），确切地说是一个基于 JAVAEE 架构的中间件，WebLogic 是用于开发、集成、部署和管理大型分布式 Web 应用、网络应用和数据库应用的 Java 应用服务器。将 Java 的动态功能和 Java Enterprise 标准的安全性引入大型网络应用的开发、集成、部署和管理之中
28	外网用户	指仅在信息外网应用进行业务活动的系统用户
29	微服务	微服务是指一种架构风格，一个大型复杂软件应用由一个或多个微服务组成。系统中的各个微服务可被独立部署，各个微服务之间是松耦合的。每个微服务仅关注于完成一件任务并很好地完成该任务。在所有情况下，每个任务代表着一个小的业务能力

续表

序号	名称	定　义
30	系统用户	系统用户（System user）是那些在通常意义上使用信息系统或者依赖信息系统实现其功能的操作主体
31	业务步骤	为实现流程业务活动和非流程业务功能而进行的业务操作
32	业务活动	为实现业务流程或其他非流程业务功能的业务步骤集合
33	业务流程	为实现一个特定的业务目标，对一组相关的活动或任务，按照特定顺序进行排列和描述
34	移动安全沙箱技术	移动安全沙箱技术（Mobile Security Sandbox Technology）是指一种在移动设备上实现应用程序隔离和安全性的技术。它通过创建一个受限的环境，将应用程序在其中运行，以防止恶意应用对设备和用户数据的威胁
35	云计算	云计算是一种基于互联网的服务模式，它允许用户通过网络访问和使用共享的计算资源和服务，如服务器、存储、数据库、应用程序和服务。这些资源通常是虚拟化的，并且在网络中分布，以便为用户提供灵活、按需的计算能力
36	中间件	中间件是一类连接软件组件和应用的计算机软件，它包括一组服务，以便于运行在一台或多台机器上的多个软件通过网络进行交互。中间件在操作系统、网络和数据库之上，应用软件的下层，总的作用是为处于自己上层的应用软件提供运行与开发的环境，帮助用户灵活、高效地开发和集成复杂的应用软件
37	自诊断	自诊断是控制系统的一种功能，它具有拟人"自诊断"功能，能够自动诊断和警示系统中的故障，维护系统的正常工作状态
38	组织机构	组织机构是指组织发展到一定程度，在其内部形成的结构严密、相对独立，并彼此传递或转换能量、物质和信息的系统。交易平台所指组织机构是指因市场业务发展而形成某一独立主体，可以是独立法人，也可以是法人分支机构，也可以是独立法人的集合体

3 主 要 依 据

本书在编写过程中遵循以下规定和办法的要求内容，具体实施过程中宜按最新标准执行。

《国家发展改革委　国家能源局关于印发〈电力现货市场基本规则（试行）〉的通知》（发改能源规〔2023〕1217 号）

《国家发展改革委　办公厅　国家能源局综合司关于〈2023 年可再生能源电力消纳责任权重及有关事项〉的通知》（发改办能源〔2023〕569 号）

《国家发展改革委　办公厅关于〈进一步做好电网企业代理购电工作〉的通知》（发改办价格〔2022〕1047 号）

《国家发展改革委　国家能源局关于〈加快建设全国统一电力市场体系〉的指导意见》（发改体改〔2022〕118 号）

《国家发展改革委　国家能源局关于印发〈售电公司管理办法〉的通知》（发改体改规〔2021〕1595 号）

《国家发展改革委　国家能源局关于〈国家电网有限公司省间电力现货交易规则〉的复函》（发改办体改〔2021〕837 号）

《国家发展改革委　国家能源局关于〈建立健全可再生能源电力消纳保障机制〉的通知》（发改能源〔2019〕807 号）

《中共中央　国务院关于〈进一步深化电力体制改革〉的若干意见》（中发〔2015〕9 号）

《国家发展改革委　国家能源局关于印发〈电力体制改革配套文件〉的通知》（发改经体〔2015〕2752 号）

《信息安全技术　网络安全等级保护安全设计技术要求》（GB/T 25070—2019）

《信息安全技术　网络安全等级保护基本要求》（GB/T 22239—2019）

4 总体系统架构

根据电力交易业务特征，电力交易业务大体上可以划分为市场服务、市场出清、市场结算和市场合规四大方面业务，这4个方面业务内容相对独立又相互依赖，协同配合形成完整的电力市场业务体系。另外，考虑未来系统应用后，对系统管理及平台技术支撑能力有较高要求，以便更好支撑业务开展，因此本丛书将按照市场服务、市场出清、市场结算、技术支撑4个方面，分专业进行业务流程、关联、工作内容及要求的描述，构建出一个完整的省级电力市场业务模型。

（1）市场服务，是整个业务模型的基础层，包括市场主体注册、基础数据模型、综合服务等业务。市场主体注册实现对参与电力市场的全部市场主体的全生命周期管理，构建电力交易业务的基础数据模型，为市场出清、市场结算及市场合规等业务开展提供数据支撑；同时，面向广大市场主体，提供全方位的综合服务；另外，基础数据模型从整个市场建设角度，对全市场主体进行全生命周期管理及综合统计分析，为市场运营与建设提供支撑。

（2）市场出清，是整个业务模型的中间环节，包括中长期交易、现货交易、零售交易、合同管理4项业务。其中，中长期交易与现货交易组成电能量市场。中长期交易是市场主体通过双边协商、集中交易等方式，开展的多年、年、多月、月、多日等日以上电能量交易。现货交易是市场主体开展的日前、日内和实时电能量交易。通过中长期交易与现货交易，共同形成体现时间、空间价值的批发电能量出清价格。零售交易是售电公司与零售用户之间开展的电能量交易，实现批发、零售市场价格的有效传导与零售电力用户对市场价格信号的有效响应。

（3）市场结算，是整个业务模型的终端环节，包括结算公共管理、中长期市场结算、现货市场结算、市场统计分析、信息披露和省级市场典型差异化业务6项业务。其中，结算公共管理主要是将现货市场和非现货市场、发电侧和用电侧结算业务中都具备的业务项进行统一管理；中长期市场结算是在现货市场运行前，以月度为周期开展的电力交易结算；现货市场结算是在现货市场运行后，以日为周期开展的电力交易结算；市场统计分析是为应对交易业务大规模开展和数据量的快速增长，对各类海量业务数据信息进行详细梳理和综合统计；信息披露是指按照政府部门、监管机构有关文件要求，通过信息披露平台，向政府部门、监管机构、市场主体、社会公众披露电力市场信息；省级市场典型差异化业务是各省结合电力供需形势、电源结构以及现有市场机制、交易品种、结算规则等方面差异，因地制宜开展的差异化结算业务。

（4）技术支撑，主要从系统管理及技术支撑两方面进行描述，整体上对市场成员管理、市场出清、市场结算、市场合规四大类业务提供技术支撑，保障系统安全、平稳、高效运行。

为实现全市场品种交易、全品种结算、考虑电网约束的市场出清、百万级市场用户高效访问、省间与省内市场高效协同的业务需求，以及实现业务实时开展、快速响应、高性能运算的技术需求，新一代电力交易平台以服务各类电力市场主体为目标，系统采用两级部署方式以及"云平台＋微服务"的技术路线，总体架构由业务服务、业务中台、公共组件和数据存储4部分组成。

业务服务分为互联网大区的市场服务和管理信息大区的市场出清、市场结算、市场合规、信息发布、系统管理共六大微应用群，为各类市场主体提供便捷的电力市场交易类服务，为电力交易机构人员提供专业化的电力市场管理与运营服务。

业务中台以用户和业务为主导，建立相关业务处理的微服务能力中心，主要包括用户中心、安全中心、出清中心、结算中心、消息中心、信用中心、应用中心等，形成"大中台＋薄前台"的应用架构模式，实现细粒度、耦合化的应用支撑能力，提高业务流程动态组装的能力，通过两级业务中台实现横纵向高效数据集成能力。

公共组件为电力交易平台提供基础性、全局通用性的技术服务，以支撑各类业务的通用性需求。

数据存储方面提供高效的强一致性分布式数据存储，解决数据快速读存取的需要。

总体系统框架如图4-1所示。

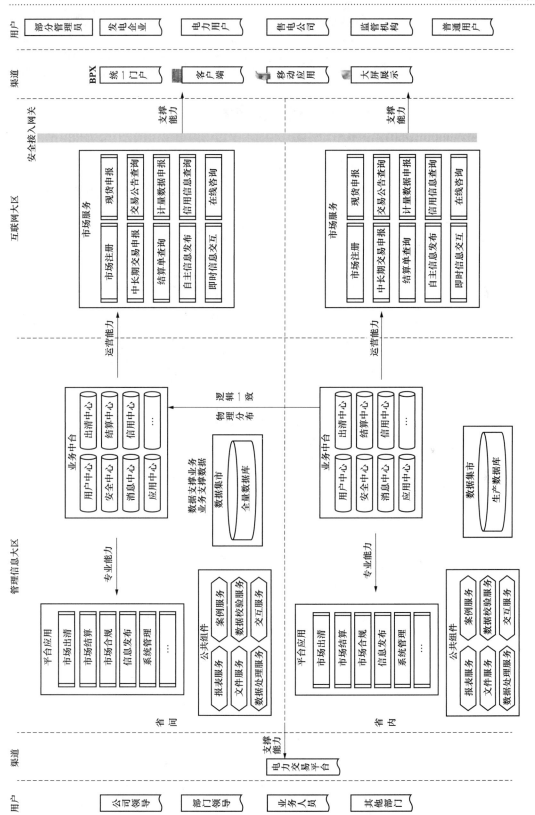

图 4-1 总体系统框架

5 总体结构图

本书共分为系统管理、平台基础支撑、安全管理 3 部分，下面以总体结构图的形式分别介绍了以上 3 部分业务的业务项以及业务子项。

系统管理总体结构如图 5-1 所示。

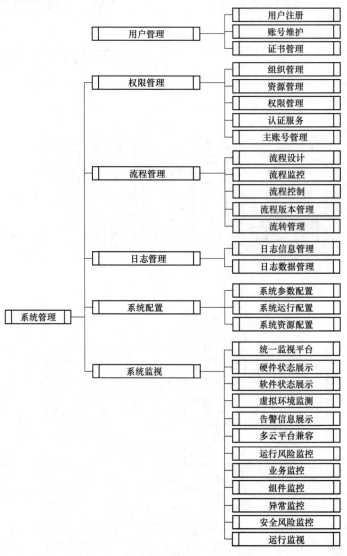

图 5-1 系统管理总体结构（一）

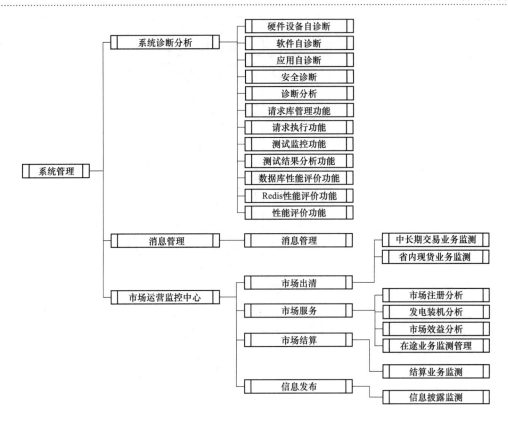

图 5-1　系统管理总体结构（二）

平台基础支撑总体结构如图 5-2 所示。

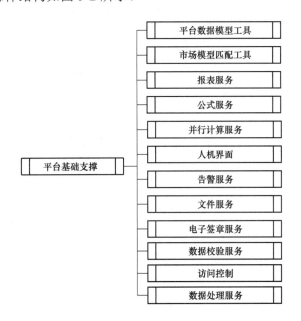

图 5-2　平台基础支撑总体结构（一）

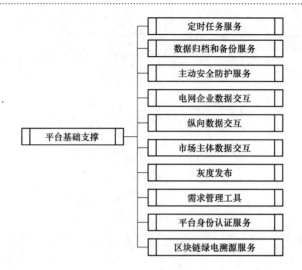

图 5-2　平台基础支撑总体结构（二）

安全管理总体结构如图 5-3 所示。

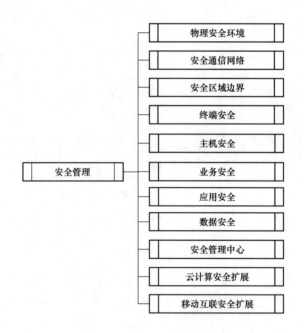

图 5-3　安全管理总体结构

6 业务项及子项一览表

业务项及子项一览如表 6-1 所示。

表 6-1 业务项及子项一览

业务类	业务项	业务子项
系统管理 JSZC-01	用户管理 JSZC-01-01	用户注册 JSZC-01-01-01
		账号维护 JSZC-01-01-02
		证书管理 JSZC-01-01-03
	权限管理 JSZC-01-02	组织管理 JSZC-01-02-01
		资源管理 JSZC-01-02-02
		权限管理 JSZC-01-02-03
		认证服务 JSZC-01-02-04
		主账号管理 JSZC-01-02-05
	流程管理 JSZC-01-03	流程设计 JSZC-01-03-01
		流程监控 JSZC-01-03-02
		流程控制 JSZC-01-03-03
		流程版本管理 JSZC-01-03-04
		流转管理 JSZC-01-03-05
	日志管理 SZC-01-04	日志信息管理 JSZC-01-04-01
		日志数据管理 JSZC-01-04-02
	系统配置 JSZC-01-05	系统参数配置 JSZC-01-05-01
		系统运行配置 JSZC-01-05-02
		系统资源配置 JSZC-01-05-03
	系统监视 JSZC-01-06	统一监视平台 JSZC-01-06-01
		硬件状态展示 JSZC-01-06-02

业务类	业务项	业务子项
系统管理 JSZC-01	系统监视 JSZC-01-06	软件状态展示 JSZC-01-06-03
		虚拟环境监测 JSZC-01-06-04
		告警信息展示 JSZC-01-06-05
		多云平台兼容 JSZC-01-06-06
		运行风险监控 JSZC-01-06-07
		业务监控 JSZC-01-06-08
		组件监控 JSZC-01-06-09
		异常监控 JSZC-01-06-10
		安全风险监控 JSZC-01-06-11
		运行监视 JSZC-01-06-12
	系统诊断分析 JSZC-01-07	硬件设备自诊断 JSZC-01-07-01
		软件自诊断 JSZC-01-07-02
		应用自诊断 JSZC-01-07-03
		安全诊断 JSZC-01-07-04
		诊断分析 JSZC-01-07-05
		请求库管理功能 JSZC-01-07-06
		请求执行功能 JSZC-01-07-07
		测试监控功能 JSZC-01-07-08
		测试结果分析功能 JSZC-01-07-09
		数据库性能评价功能 JSZC-01-07-10
		Redis 性能评价功能 JSZC-01-07-11
		性能评价功能 JSZC-01-07-12
	消息管理 JSZC-01-08	消息管理 JSZC-01-08-01
	市场运营监控中心 JSZC-01-09	市场出清 JSZC-01-09-01
		市场服务 JSZC-01-09-02
		市场结算 JSZC-01-09-03
		信息发布 JSZC-01-09-04
平台基础支撑 JSZC-02	平台数据模型工具 JSZC-02-01	元数据维护 JSZC-02-01-01
		元属性维护 JSZC-02-01-02
		元数据查询 JSZC-02-01-03

续表

业务类	业务项	业务子项
平台基础支撑 JSZC-02	平台数据模型工具 JSZC-02-01	元数据分析 JSZC-02-01-04
		元数据变更管理 JSZC-02-01-05
	市场模型匹配工具 JSZC-02-02	物理模型管理 JSZC-01-08-01
		模型版本管理 JSZC-01-08-02
	报表服务 JSZC-02-03	报表设计 JSZC-02-03-01
		报表预览 JSZC-02-03-02
		报表导出 JSZC-02-03-03
		报表管理 JSZC-02-03-04
		数据源管理 JSZC-02-03-05
		报表回填 JSZC-02-03-06
		报表可视化 JSZC-02-03-07
		百万级数据前端展示 JSZC-02-03-08
		深度交互式数据探索 JSZC-02-03-09
	公式服务 JSZC-02-04	公式配置服务 JSZC-02-04-01
		公式编译服务 JSZC-02-04-02
	并行计算服务 JSZC-02-05	并行计算公式配置 JSZC-02-05-01
		并行计算数据加载 JSZC-02-05-02
		分组并行计算 JSZC-02-05-03
	人机界面 JSZC-02-06	界面设计 JSZC-02-06-01
		页面展示 JSZC-02-06-02
		数据处理 JSZC-02-06-03
	告警服务 JSZC-02-07	告警接口服务功能 JSZC-02-07-01
		告警联系人 JSZC-02-07-02
		告警配置 JSZC-02-07-03
	文件服务 JSZC-02-08	文件上传 JSZC-02-08-01
		下载功能 JSZC-02-08-02
		文件版本管理 JSZC-02-08-03
		文件共享功能 JSZC-02-08-04

续表

业务类	业务项	业务子项
平台基础支撑 JSZC-02	文件服务 JSZC-02-08	文件在线预览 JSZC-02-08-05
		文件安全管理 JSZC-02-08-06
	电子签章服务 JSZC-02-09	电子印章管理功能 JSZC-02-09-01
		签章功能 JSZC-02-09-02
	数据校验服务 JSZC-02-10	数据完整性配置 JSZC-02-10-01
		数据一致性配置 JSZC-02-10-02
		数据有效性配置 JSZC-02-10-03
		数据及时性配置 JSZC-02-10-04
		数据完整性校验服务 JSZC-02-10-05
		数据一致性校验服务 JSZC-02-10-06
		数据有效性校验服务 JSZC-02-10-07
		数据及时性校验服务 JSZC-02-10-08
	访问控制 JSZC-02-11	限流控制 JSZC-02-11-01
		服务降级控制 JSZC-02-11-02
	数据处理服务 JSZC-02-12	数据抽取 JSZC-02-12-01
		数据处理 JSZC-02-12-02
	定时任务服务 JSZC-02-13	任务设计器 JSZC-02-13-01
		任务监视工具 JSZC-02-13-02
		任务调度引擎 JSZC-02-13-03
	数据归档和备份服务 JSZC-02-14	数据归档 JSZC-02-14-01
		数据备份 JSZC-02-14-02
	主动安全防护服务 JSZC-02-15	访问拦截 JSZC-02-15-01
		拦截记录 JSZC-02-15-02
		多 CA 管理 JSZC-02-15-03
		微服务内部调用认证 JSZC-02-15-04
	电网企业数据交互 JSZC-02-16	与电网企业调度支持系统数据集成 JSZC-02-16-01

续表

业务类	业务项	业务子项
平台基础支撑 JSZC-02	电网企业数据交互 JSZC-02-16	与电网企业营销系统数据集成 JSZC-02-16-02
		与电网企业财务系统数据集成 JSZC-02-16-03
	纵向数据交互 JSZC-02-17	省级电力交易中心向北京电力交易中心上传数据 JSZC-02-17-01
		北京电力交易中心向省级电力交易中心下送数据 JSZC-02-17-02
		纵向数据交互核查 JSZC-02-17-03
		纵向数据交互保障 JSZC-02-17-04
		发送短信 JSZC-02-17-05
		数据增量补传 JSZC-02-17-06
	市场主体数据交互 JSZC-02-18	平台发布接口 JSZC-02-18-01
		平台接入接口 JSZC-02-18-02
	灰度发布 JSZC-02-19	灰度规则 JSZC-02-19-01
		灰度环境 JSZC-02-19-02
		灰度用户 JSZC-02-19-03
	需求管理工具 JSZC-02-20	新增需求提报 JSZC-02-20-01
		需求处理 JSZC-02-20-02
	平台身份认证服务 JSZC-02-21	平台身份凭证申请 JSZC-02-21-01
		平台身份凭证管理 JSZC-02-21-02
		平台身份认证 JSZC-02-21-03
	区块链绿电溯源服务 JSZC-02-22	绿色电力交易数据存证 JSZC-02-22-01
		绿色电力交易数据溯源 JSZC-02-22-02
安全管理 JSZC-03	物理安全环境 JSZC-03-01	机房环境安全 JSZC-03-01-01
	安全通信网络 JSZC-03-02	网络设备安全 JSZC-03-02-01
		网络通道安全 JSZC-03-02-02
		通信网络安全 JSZC-03-02-03
	安全区域边界 JSZC-03-03	信息内网横向域间边界 JSZC-03-03-01
		信息内网纵向域间边界 JSZC-03-03-02

续表

业务类	业务项	业务子项
安全管理 JSZC-03	安全区域边界 JSZC-03-03	信息内外网边界 JSZC-03-03-03
		信息外网第三方边界 JSZC-03-03-04
	终端安全 JSZC-03-04	信息内网办公计算机 JSZC-03-04-01
		互联网办公计算机 JSZC-03-04-02
		互联网移动终端 JSZC-03-04-03
	主机安全 JSZC-03-05	身份认证 JSZC-03-05-01
		访问控制 JSZC-03-05-02
		入侵防范 JSZC-03-05-03
		漏洞扫描 JSZC-03-05-04
		恶意代码防范 JSZC-03-05-05
		资源控制 JSZC-03-05-06
		安全审计日志 JSZC-03-05-07
	业务安全 JSZC-03-06	用户注册安全风险控制 JSZC-03-06-01
		用户登录安全风险控制 JSZC-03-06-02
		交易存证安全 JSZC-03-06-03
		结算凭证安全 JSZC-03-06-04
		信息披露文件安全 JSZC-03-06-05
	应用安全 JSZC-03-07	应用系统功能安全 JSZC-03-07-01
		移动应用安全 JSZC-03-07-02
		应用系统接口安全 JSZC-03-07-03
	数据安全 JSZC-03-08	数据安全等级 JSZC-03-08-01
		数据产生安全 JSZC-03-08-02
		数据存储安全 JSZC-03-08-03
		数据传输安全 JSZC-03-08-04
		数据使用安全 JSZC-03-08-05
		数据共享安全 JSZC-03-08-06
		数据销毁安全 JSZC-03-08-07
		数据备份安全 JSZC-03-08-08

续表

业务类	业务项	业务子项
安全管理 JSZC-03	数据安全 JSZC-03-08	数据安全风控 JSZC-03-08-09
		敏感数据资产管理平台 JSZC-03-08-10
	安全管理中心 JSZC-03-09	应用服务安全监测及告警 JSZC-03-05-01
		业务统一安全审计及告警 JSZC-03-05-02
		安全主动防御 JSZC-03-05-03
	云计算安全扩展 JSZC-03-10	云安全计算环境 JSZC-03-06-01
	移动互联安全扩展 JSZC-03-11	移动互联安全计算环境 JSZC-03-07-01

7 系 统 管 理

系统管理是指对系统及其相关文档等资源组织、管理和支持的过程，使系统能够高效率、及时地运行，获得预期的效能和可靠性。主要包括用户管理、权限管理、流程管理、日志管理、系统配置、系统监视、系统诊断分析、消息管理以及市场运营监控中心等功能。

7.1 用 户 管 理

7.1.1 业务项描述

交易平台的用户包括市场主体用户（包括发电企业、电力用户、售电公司等用户）、政府用户（包括发展和改革委员会、能源局、经济和信息化委员会等政府单位用户）、交易中心用户、电网企业用户等。

用户管理是对交易平台所有用户进行账号注册、修改、注销等一系列全生命周期管理。个人用户账号注册与市场成员企业用户注册相互独立，个人用户账号采用实名制注册，而市场成员企业用户账号依据工商营业执照（统一社会信用代码）注册，市场成员注册相关功能在市场服务模块进行实现和管理。政府用户的个人账号创建，由政府部门发送申请，由交易平台管理员创建账号，并分配其监管的功能菜单。

用户管理功能包括账号管理、登录管理、证书管理、账号锁定、密码管理、邮箱手机绑定等功能。

7.1.2 业务子项

7.1.2.1 用户注册

1. 业务子项描述

用户要访问交易平台，需要有相应的登录账号，用户注册是为用户申请访问交易平台的账号而提供的账号注册申请功能，用户通过填写相关注册信息，经审批生成可以登录平台账号的过程。交易平台用户可通过交易平台自主提交注册申请，用户账号采用实名制注册，个人账号注册与市场成员企业账号注册相互独立，可无须关联市场成员组织。交易平台的登录功能支持多方式验证。

2．工作要求

（1）所有用户均可通过交易平台自主提交注册申请。

（2）市场成员企业账号一地注册，同一账号全网可用。

（3）用户账号采用实名制注册，个人账号注册与市场成员企业账号注册相互独立，可无须关联市场成员组织。

（4）个人账号与企业账号均为单点登录，同一账号在同一时间仅一人登录。

（5）支持多方式验证登录，登录方式可配置，USBKey 使用可配置。

（6）注册审批流程节点可查询，系统自动提示审批人，生成待办工单。

3．业务流程

用户注册流程如图 7-1 所示。

4．关联

用户注册与公安系统以及权限管理相关联，通过公安系统鉴别用户的实名制，通过权限管理对用户进行权限授权管理。

用户注册关联如图 7-2 所示。

5．工作内容

（1）用户账号注册。用户账号注册分为个人账号注册和企业用户账号注册。市场主体用户、政府用户、电网企业用户、交易中心用户的注册均采用实名制，账号与身份信息进行绑定，且一个身份证信息只能申请一个账号。

用户注册必填信息包括账号名称、账号号码、申请人姓名、身份证号（护照号）、手机号码、邮箱、密码。系统自动生成账号 ID、申请时间、失效时间（失效时间可设置，并且精确到时分秒）、账号状态（包括正常、失效、禁用、锁定、密码过期、账号过期 6 种状态）。选填信息包括部门、岗位、指纹信息、人脸信息，为后续用户登录提供便捷可靠的登录方式。其中，过期密码的账号将无法登录系统，用户在登录时会自动提示用户账号密码已过期，将在 3s 后自动跳转到密码修改界面，方便用户及时修改密码，密码修改完成后方可继续登录系统。

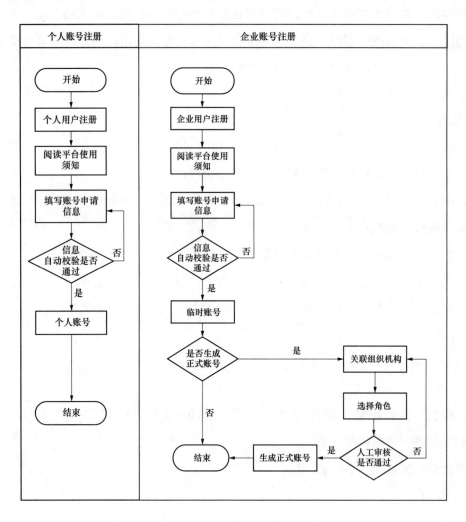

图 7-1　用户注册流程

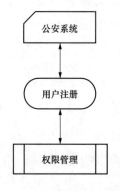

图 7-2　用户注册关联

市场成员企业账号注册。市场成员—企业账号一地注册，同一账号全网可用。

企业用户注册申请操作，市场成员用户访问交易平台，选择"企业用户注册"，进入用户账号注册页面，阅读平台使用须知，填写账号申请信息，系统自动校验注册信息是否符合要求，注册信息自动校验包括：①已注册信息校验。用户注册或信息修改时，对账号名称、账号号码进行全网范围内唯一性的重名校验，对手机号码、邮箱进行全网范围内是否已被占用校验，并提示校验结果。②系统自动完成信息格式验证。③交易平台可与外部系统（公安系统）对接，对身份信息实名校验。校验通过后才能生成临时账号，临时账号只有完善个人注册信息的权限，没有开展交易业务的权限。

市场成员子账号注册，主账号只能查询到该主账号下的子账号。首先由系统管理员给市场成员主账号开启企业管理员权限，然后可在"用户管理"菜单下，进行子账号的注册，子账号注册也同样需要完成注册信息自动校验，校验通过后子账号注册完成并自动与该主账号关联，最后通过"角色管理"分配角色权限、绑定子账号角色，在子账号注册完成后第一次登录使用时，需要对子账号进行实名登记，包括实名身份认证，只有实名认证通过并完成之后才能真正登录系统并访问系统，否则将无法成功登录系统。

临时账号是未关联市场成员组织，并且临时账号有效期是可以自定义设置，可以精确到时分秒。临时账号与组织单位关联成功后并授予了相应的角色，最后需要进行人工审批，人工审核通过后才能生成为正式账号，正式账号登录才能开展相关交易业务。

对于本地注册的正式账号，若登录其他省交易平台或总部交易平台，系统默认为游客权限。若需要开展相关交易业务，由业务实际需要进行权限控制，如建立交易序列时，通过筛选市场成员，对市场成员赋予交易操作的相关权限。

交易中心系统管理员具备配置各组织单位下属账号最大数量的权限，根据权限角色类型分为主账号和一般账号两种类型，如组织单位管理员角色为主账号，计划员、交易员、结算员、联络员为一般账号角色。主账号具备对其组织下的一般账号进行审批、角色分配、管理等操作权限。

政府部门、电网企业、交易中心等用户个人账号注册时，用户访问交易平台，选择"个人用户注册"，进入用户账号注册页面，阅读平台使用须知，填写账号申请信息，系统自动校验注册信息是否符合要求，注册信息自动校验包括：①已注册信息校验。用户注册或信息修改时，对账号名称、账号号码进行同一场景内的重名校验，对手机号码、邮箱进行全网范围内是否已被占用校验，并提示校验结果。②系统自动完成信息格式验证。③交易平台可与外部系统（公安系统）对接，对身份信息实名校验。校验通过后才能生成个人账号，个人账号只有完善个人注册信息的权限，没有开展交易业务的权限。

（2）登录管理。

1）用户通过交易平台用户登录窗口，通过输入登录信息进行用户登录。提供多种信息验证登录方式，登录方式可配置，USBKey 使用可配置。市场成员用户实现一地注册，全网可登录。登录支持通过账号＋密码、邮箱＋密码、手机号码＋密码，指纹、人脸识别等登录方式结合 USBKey、软证书等实现多因子登录。可根据用户权限角色，按照业务场景配置是否需要使用 USBKey 登录。

2）登录时需检查登录异常情况。对于异常登录情况，如短时间连续多次登录、短时间异地登录、异常操作等，需加强安全验证，验证方式可配置，如输入手机验证码。

3）设置登录密码允许输错次数 X 值，若大于 X 后，锁定 Y 时间，若大于 Z 次数后，系统对账号进行自动锁定。设定时，应分级限制，如短时间登录错误次数 5 次，锁定 5min，错误 8 次，锁定 30min，错误 10 次进行锁定。设定自动解锁时间，或可通过内网系统管理员进行人工解锁。此功能需充分考虑系统、账号的安全性。

4）登录页面提供密码重设服务，完成密码重设，不可设置为初始密码。重设方式可配置，如通过手机号验证码或邮箱验证码进行身份认证。

7.1.2.2　账号维护

1．业务子项描述

账号维护是指对用户账号进行查询、修改、删除、注销等相关操作。包括账号查询、账号修改、账号删除、账号注销、账号锁定及解锁、密码管理、邮箱手机绑定等功能。

2．工作要求

（1）账号维护操作日志可查询。

（2）账号自动锁定的条件可配置。自动解锁的条件、时间可配置。需充分考虑安全性要求。

（3）邮箱手机号码与账号自动同步绑定，待办工单提醒方式可配置。

3．工作内容

（1）账号查询。用户登录平台后，可对自己账号信息进行查询。系统管理员可以对平台所有用户账号信息进行查询。查询方式包括组织查询、关键字段查询、用户名查询、模糊查询等。

（2）账号修改。用户登录平台后，可对自己账号信息进行修改，包括密码、手机号码、邮箱。系统管理员可以对平台所有用户账号信息进行修改。支持批量修改信息，如账号状态、生效期、失效期、修改组织信息。

（3）账号注销。用户登录平台后，可根据实际需求提出注销申请，选择注销原因，提交审批。默认注销审批流程：①外网一般账号注销申请需先由主账号审批。②外网用户主账号注销由系统管理员审批。③内网账号注销审批流程：个人申请—部门主任审批—人资部审批。账号注销时，系统校验是否有未完结业务流程，提示校验结果。若有未完结业务流程，无法注销。账号在注销之前先进行账号解绑，需要增加相应解绑流程。

（4）账号锁定及解锁。账号锁定包括安全性锁定、人工锁定、操作性锁定。账号解锁分为自动解锁和人工解锁。

1）安全性锁定。为保障账号安全，系统自动对暴力密码尝试、僵尸账号尝试、异常IP登录等异常行为的账号进行锁定，提升用户账号的安全性。包括：①用户登录时，密码输入错误次数过多。设定密码允许输错次数 X 值，大于 X 后，系统自动对账号进行锁定。可设定自动解锁时间，到期后账号自动解锁或系统管理员进行人工解锁。②用户账号若长时间未使用（可设置未使用时间），账号自动进入锁定状态，需系统管理员进行人工解锁。③出现 IP 异常、短时间异地登录等安全性问题时，账号自动锁定。

2）人工锁定。系统管理员可对交易平台账号进行人工锁定。解锁需系统管理员进行人工解锁。

3）操作性锁定。由于系统监测到外网用户有异常性操作行为，账号进入自动锁定状态。可设定自动解锁时间，到期后账号自动解锁或人工解锁。

（5）密码管理。

1）密码设定。用户账号注册时，完成初始密码的设定工作。

2）密码找回。对于忘记密码的外网用户提供密码找回的功能。用户登录时，选择密码找回功能，完成密码重设。找回方式可配置，如通过手机号验证码或邮箱验证码进行身份认证。

3）密码修改。用户登录系统后，可对自己的密码、指纹信息、人脸信息进行修改。

4）密码重置。系统管理员可对所有账号进行密码重置为随机高强度的复杂密码。

（6）邮箱手机绑定。为用户提供邮箱、手机号码与账号自动绑定功能。系统根据用户维护的账号信息，自动将邮箱和手机号码与账号 ID 进行绑定。

用户若进行邮箱和手机号码修改变更，系统可根据变更后的信息进行自动同步绑定。

（7）账号排序导出统计。支持系统管理员对账号排序、导出、统计等功能。

7.1.2.3 证书管理

1．业务子项描述

证书管理是指对各类具有相关 CA 认证的机构颁发的 CA 证书实现统一管理，提升交易平台数字安全认证。具备证书办理、证书绑定、证书密码修改、证书续费延期、证书黑名单、证书吊销等功能。

2．工作要求

支持用户线上完成证书办理、证书绑定、证书密码修改、证书续费延期、证书黑名单、证书吊销等操作。

3．业务流程

证书管理流程如图 7-3 所示。

4．关联

与市场成员管理、用户注册、证书办理系统、支付系统关联。

证书管理关联如图 7-4 所示。

5．工作内容

（1）证书办理。实现市场成员内外网用户登录交易平台，进行证书办理申请，系统自动读取账号信息和组织信息，阅读证书办理说明，说明中已阐明相关条例，选择办理套餐，填写证书邮寄信息，进入缴费信息录入环节。通过线下缴费方式进行付款，提供线上填写缴费信息或上传缴费证明附件。厂家完成证书制作后，邮寄证书，也可以通过直接到厂家自取的方式进行证书领取。

（2）证书绑定。实现市场成员外网用户可通过交易平台自助完成证书绑定、解绑的功能。

（3）证书密码修改。实现市场成员外网用户可通过交易平台进行证书密码修改。

（4）证书续费延期。实现市场成员外网用户可通过交易平台办理证书续费延期，具有证书有效期到期续费提醒功能。

（5）内网按需办理证书。具备证书网上办理、绑定、密码修改、续费延期的功能。

（6）有一个账号绑定多个 CA 证书的需求，或者主账号下设定子账号，子账号绑定证书。

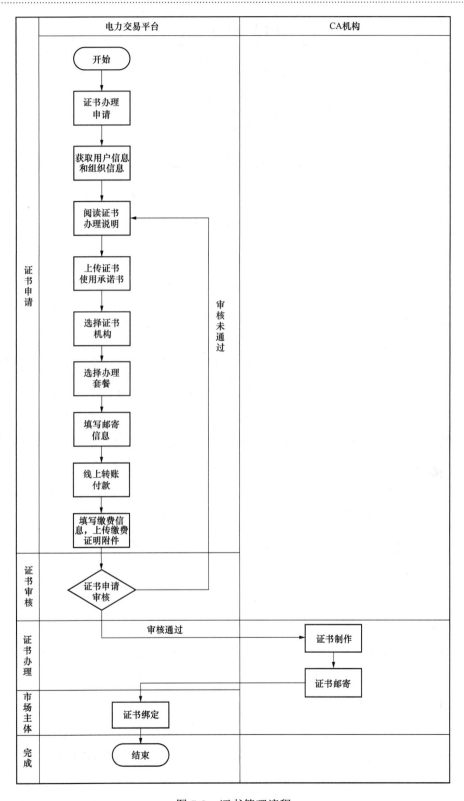

图 7-3　证书管理流程

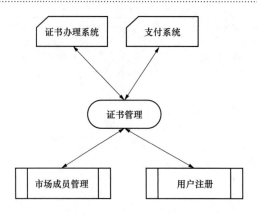

图 7-4　证书管理关联

7.2　权　限　管　理

7.2.1　业务项描述

权限管理是指根据业务实际需要，对账号的角色、权限进行分配。实现系统管理员或市场成员主账号对已经注册的账号进行角色权限管理，可以对角色、人员配置不同的权限功能。系统管理员可对所有用户的权限进行设置，市场成员主账号可对本市场主体的用户权限进行设置。权限管理包括功能和数据的权限管理，具体是指对系统资源、菜单、操作按钮以及业务数据的权限管理。可以配置只读、读写、禁止，优先级：禁止>只读>读写。本业务项包括组织管理、资源管理、权限管理、认证服务、主账号管理 5 个业务子项。

7.2.2　业务项流程

重要的角色权限设置可以采用审批流程，审批流程可配置。

7.2.3　业务子项

7.2.3.1　组织管理

1．业务子项描述

组织管理是指对系统的组织进行建立、修改、查询等操作。具备组织机构建立、组织机构修改、组织机构删除的功能，组织信息与市场成员一一对应。

2．工作要求

（1）外网用户通过对市场成员信息新增、修改等操作实现对组织机构的建立、修改。组织机构信息随市场成员信息自动生成，自动同步，状态也与市场成员状态相同，同步变化。

（2）组织与账号独立管理。组织可不关联任何账号。实现一对多关联关系，如一个组织下可有多账号。

3．业务流程

组织管理流程如图 7-5 所示。

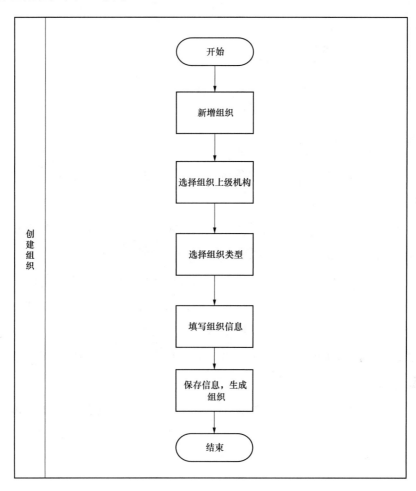

图 7-5　组织管理流程

4．关联

对于外网市场成员用户的组织信息与市场成员一一对应。市场成员在组织管理功能下完成组织机构建立时，须关联市场成员名称、集团名称、状态、注册日期。

组织管理关联如图 7-6 所示。

5．工作内容

（1）组织机构建立。外网市场成员组织机构建立是根据市场成员注册信息，新增组织机构信息，完成组织机构建立。组织机构信息包括组织 ID、组织类型、组织机构名称（市场成员名称）、上级组织 ID、上级组织机构名称（市场成员集团名称）、组织编码、组织层级、注册日期、生效日期、失效日期（失效时间可设置）、状态（生效、失效）。

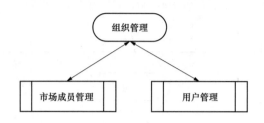

图 7-6　组织管理关联

其他组织机构建立由系统管理员完成。

（2）组织与账号关联。根据实际业务需要，用户可登录交易平台完成组织与账号关联操作。

（3）组织机构查询。系统管理员可通过系统查询组织功能，快速定位到相应组织，简化系统操作。支持模糊查询，支持分类筛选，如按层级筛选，按职能筛选等。

（4）组织机构信息修改。外网用户登录平台对市场成员信息修改，组织机构状态根据市场成员状态自动同步变化，包括组织机构名称、组织性质、失效日期、状态。内网组织机构信息修改由系统管理员完成。组织机构状态根据市场成员状态自动同步变化，市场成员状态为入市，则组织机构状态为生效；市场成员状态为退市，则组织机构状态为失效，组织下的账号状态也为失效。

（5）组织机构关系变更。支持用户账号变更组织关系，上级组织变更，可批量变更。

（6）组织机构删除。系统管理员可对全网组织机构进行删除，该组织下的账号也相应被删除，支持批量删除功能。

（7）组织机构排序导出统计。支持系统管理员对组织机构排序、导出、统计等功能。

7.2.3.2　资源管理

1．业务子项描述

资源管理是指对系统菜单、按钮、接口地址进行维护，对其可进行新增、删除、编辑等操作。

2．工作内容

（1）系统管理员通过交易平台完成系统菜单（按钮）或资源等新增操作，资源新增时需要填写的信息包括必填项（资源名称、业务编码、资源类型）和选填项（状态、菜单链接、备注）。选填项按需填写。资源类型设为选择项，设置下拉框进行选择。菜单链接根据资源类型来填写，类型为资源不填写，类型为菜单时填写链接。

（2）系统管理员通过交易平台完成系统菜单或资源等修改操作。如果是资源，可以修改资源名称、资源类型、状态。如果是菜单，可以修改资源名称、资源类型、状态和菜单链接。

（3）系统管理员通过交易平台完成系统菜单或资源等删除操作。支持批量删除功能。若有下一级资源信息，需提示是否确认删除操作。

（4）系统管理员可以根据角色不同配置出不同的操作菜单。

7.2.3.3　权限管理

1．业务子项描述

权限管理是指对用户账号角色权限进行维护、修改等操作。

2．工作要求

（1）角色权限设定只能由系统管理员进行操作。

（2）市场成员用户账号由系统管理员设置权限类型（主账号、一般账号），主账号管理员只可对该组织下的用户分配角色。

（3）临时授权操作时，设定授权时间。授权时间到期后，权限自动恢复，支持临时授权期间操作记录查询。

3．业务流程

权限管理流程如图 7-7 所示。

4．关联

权限管理在用户授权相应的角色权限时，需按照用户选择关联相关的角色进行分配权限。

5．工作内容

（1）角色管理。支持角色新增、修改、删除、查询的功能。

1）角色新增包括 5 种方式：①建立角色组。对角色组分别配置权限，可配置通用权限和禁用权限。将账号拖拉至角色组内，账号将具有角色组的通用权限和禁用权限。可对角色组内的账号再次进行权限的增删改等操作，但角色组的禁用权限优先级最高。②直接新增。选择角色组织类型、组织名称、角色类型（包括主账号和一般账号），填写角色名称，为角色分配资源菜单。③组合新增。可通过对现有角色进行组合（角色 A ＋角色 B）创建新角色。④复制创建。可通过复制原有角色权限快速创建新角色。⑤可通过将用户账号对应的权限分配到角色，创建新角色。

2）角色修改，可对角色组织类型、组织名称、角色类型（包括主账号和一般账号）、角色名称、资源菜单等进行修改。

3）角色删除功能实现对无用角色的删除。

4）角色查询，可以通过组织类型、组织名称、角色类型查询角色信息。

（2）用户权限设定。系统管理员可通过对用户分配角色、资源菜单等操作进行用户账号权限管理。主账号管理员只可通过对用户分配或取消角色，完成对该组织下一般账号的权限管理。对角色或具体人员使用的功能操作可设置成只读、读写、禁用，一旦禁用显示灰色，操作无反应或提示此功能已禁止使用。

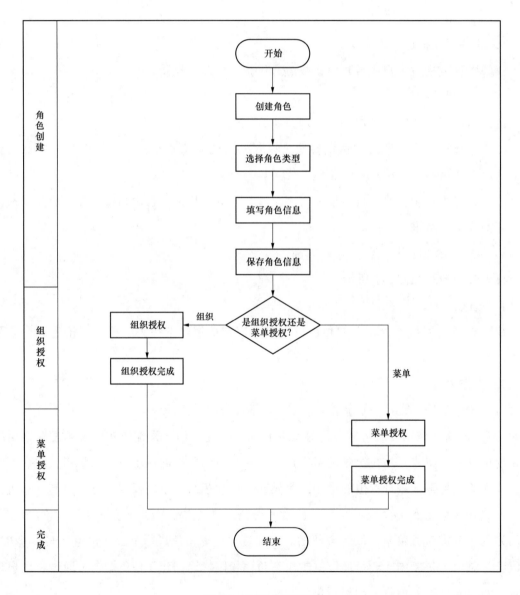

图 7-7　权限管理流程

市场成员外网用户根据权限角色类型分为主账号和一般账号两种类型，如组织单位管理员角色为主账号，计划员、交易员、结算员、联络员为一般账号角色。主账号可对其组织下的一般账号进行审批、角色分配、管理等职能。

（3）临时授权管理。授权管理功能实现由用户将自己的权限分配给其他被授权用户。授权有效期内，该用户不具备原有权限，而被授权用户同时具备原有权限和授予权限。

1）市场成员外网用户授权。市场成员外网用户登录交易平台，阅读授权须知，承诺授权行为的真实性、合法性，设定授权时间，选择本组织下的其他用户作为授权对象，选择授权菜单，提交授权申请，由主账号管理员进行授权行为审批。授权时效内，前台记录授权的所有操作。

内网用户授权。内网用户登录交易平台，阅读授权须知，承诺授权行为的真实性、合法性，设定授权时间，选择本组织下的其他用户作为授权对象，选择授权菜单，提交审批。审批流程可配置。

2）授权有效期内，授权人可提出授权修改，也可提出授权终止，提交授权修改申请。外网用户账号由主账号管理员进行审批，内网用户账号审批流程可配置。

7.2.3.4 认证服务

1．业务子项描述

认证服务是指从技术安全性设计，满足电力交易中心各类业务系统的统一入口，统一单点登录认证。包括外网门户网站、新一代电力交易平台、可再生能源超额消纳凭证交易系统、e交易等多端会话统一。

2．关联

认证服务通过权限管理中的权限协同管理、权限控制等功能实现。

3．工作内容

从技术安全性设计，满足外网门户网站、新一代电力交易平台、可再生能源超额消纳凭证交易系统、e交易等多端会话统一，实现统一的外网门户网站入口、统一登录认证。

7.2.3.5 主账号管理

1．业务子项描述

主账号是由市场成员实名注册申请，人工审核通过并由系统管理员授权而生成的实名制企业账号，主账号可以注册子账号并为其分配权限，同时也能管理已注册的子账号，包括启用、禁用和删除操作。此外，主账号在必要时还可以进行组织管理，将用户和子账号分配到不同的组织中以便更好地组织和管理人员。

2．业务流程

主账号管理流程如图7-8所示。

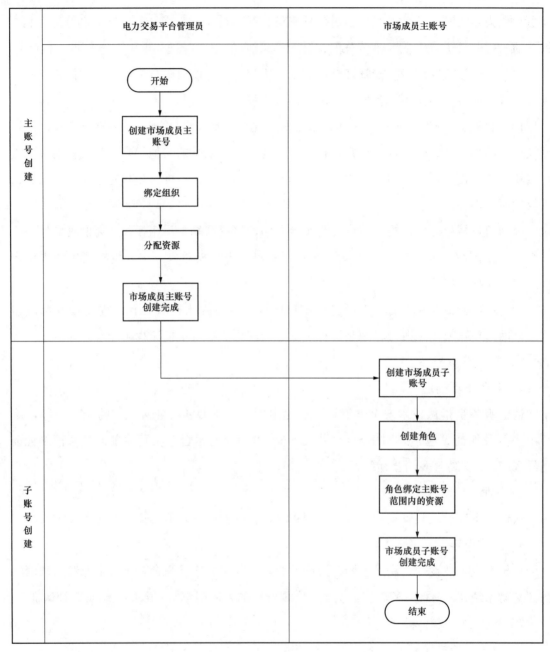

图 7-8　主账号管理流程

3．关联

主账号管理在授权管理子账号权限时与权限控制功能关联。

4．工作内容

主账号是由市场成员实名注册申请，人工审核通过并由系统管理员授权而生成的实名制企业账号，每个市场成员最多只能拥有一个主账号，主账号可以快捷注册并管理其子账号，对子账号可以进行授权、启用、禁用和删除等操作。通过子账号可以方便市场成员内部做更精细化管理，不同子账号的用户开展各自专业的工作，实现市场成员内部工作职责与工作权限的分级管理。

7.3 流 程 管 理

7.3.1 业务项描述

流程管理为识别和定义业务流程，通过改进和优化流程来提高效率和生产力的工具。流程必须实现两级平台穿透流转、内外网、系统间贯通运作，所有流程可依据业务需求采用定制化配置。系统建立一个流程管理界面，包括流程设计、流程监控、流程控制、导入导出、流程版本管理、流转管理等子项。为所有业务流程提供业务流程树和各个业务节点的可视化，各业务节点可修改、控制、删除、复制等。

7.3.2 业务子项

7.3.2.1 流程设计

1．业务子项描述

流程设计用于根据业务需要定制一个业务流程，流程设计必须采用可视化设计建模工具。业务流程具备创建、修改、控制、删除、导入、导出等功能。其中，导入、导出功能支持流程中各类型文件的导入、导出及数据表添加操作。

2．工作要求

流程设计必须支持多种类型的流程设计，支持并发流程，支持携带数据、文本等各种类型的附件流转，支持多人并发处理，支持附件修订。支持流程在两级平台穿透流转、内外网、系统间贯通运作，支持流程在 PC 端和移动端流转。流程可以启动业务和加载参数。导入导出支持各种类型的文件，对业务数据支持直接查阅内部表名，查阅时支持启动相关应用以及对应的业务数据查阅和修改，以实现大数据的流转处理。

3．业务流程

流程设计流程如图 7-9 所示。

4．工作内容

（1）提供一个业务流程可视化设计建模工具。它可以方便地为用户提供各种图元的选择和拖放，绘制图元间连接线，快速生成图元，保存图元，对图元的正确性进行检验，实现图元的整体放大与缩小、图元对齐调整以及流程图和图元属性编辑的功能。

（2）设计流程导航树，开发人员和系统管理人员应有浏览流程导航树的权限，对流程的相关节点应提供新增、修改、复制、剪切、删除功能。

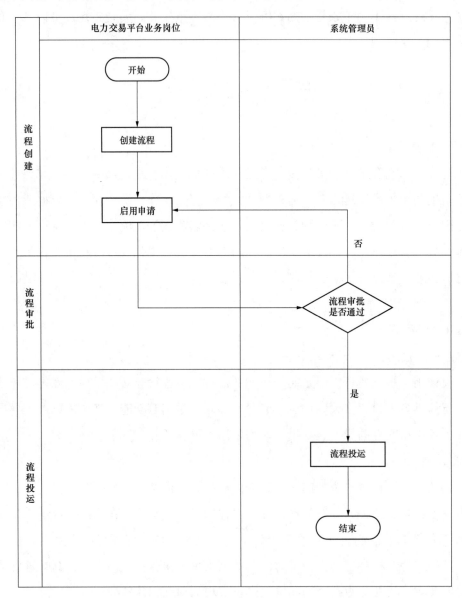

图 7-9　流程设计流程

电力交易平台存在外网用户审批、跨平台交易组织（安全校核）等业务流转，如采用工单工作方式，存在与营销业务的流转等跨系统流转，为全面支撑电力交易业务的业务流转，提供一个高效、安全的业务流转平台。

7.3.2.2　流程监控

1.业务子项描述

流程监控用于对正在流转中的流程进行监控，流程监控采用可视化界面对系统中的流程进行全过程监视，可查看流程状态，判别流程是否故障并对出现异常的流程报警。为系统管理人员或流程发起者（参与者）提供跟踪和异常定位功能，同时具备对流程进行挂起、恢复、删除等操作功能。帮助用户定位流程在执行过程中发生的异常，并对其进行干预，使其能正常地运行下去。

2．工作要求

对进行中的流程进行全过程监视。支持监视内外网 PC 端流程和移动端流程，对相应流程环节支持短信提示和超时提示。

3．工作内容

（1）要求系统具备流程查询功能，能够查询流程相关状态，对流程在执行过程中发生的异常进行定位并告警。

（2）给系统管理员配置异常流程操作的权限，并对其进行干预，使其能正常地运行下去，防止流程出现"僵死"的状态。系统管理员应能够对流程进行挂起、恢复、删除等操作。

（3）系统应有对流程相关环节的责任人进行自动提示功能，对即将超过办理日期和超过办理日期的流程自动对相关责任人提示。对超过办理日期过长的流程可由系统管理员对流程进行恢复或删除等操作。

（4）流程设计完成后附带流程说明和流程树、并有流程环节指引功能。

（5）流程应有流程环节说明，并有信息告知功能，包括自动短信告知。

（6）每个流程环节，应有计时对话框。

（7）导入导出支持单节点和多节点。

（8）导入一般只支持发起人，当后面节点添加必须有相应的标志。

7.3.2.3　流程控制

1．业务子项描述

对进行中的业务流程进行重定向、流程跳过、流程撤销、流程重启等操作。支持流程业务操作过程当中参数修改。支持业务角色指派。

2．工作要求

支持可视化的流程控制界面。

3．工作内容

（1）支持对进行中的流程进行更改或跳过责任人或审批人的相关环节。

（2）支持对进行中的流程进行挂起、恢复、删除等操作。

（3）支持流程业务操作过程当中参数修改。

7.3.2.4　流程版本管理

1．业务子项描述

流程版本管理功能，实现对流程配置的版本管理，支持流程版本的删除、变更、回滚等操作。

2．工作要求

流程版本可以保证启用的流程在修改时，不会影响正在流转中的数据。

3．工作内容

流程版本管理，在流程业务变动，需要添加/减少审批节点或者重新设计流程时，可通过新建流程版本，在版本中完成流程修改，修改后启用新版本流程。

7.3.2.5　流转管理

1．业务子项描述

流转管理功能是业务流程在整个流转的过程中根据对应的规则，流转到下一个节点的处理过程，对应的主体是业务流程当前节点的操作人，实现流程节点的处理方可以指定用户、指定角色、指定岗位去处理。

2．工作要求

流程节点处理方可选择用户、角色、岗位。

3．工作内容

流转管理，在配置流程时，根据需求选择不同的处理方，如用户、角色、岗位。

7.4　日　志　管　理

7.4.1　业务项描述

日志管理是确保平台正常运行、安全可靠以及满足合规性支撑要求的关键实践。通过收集系统、应用程序和交易等日志数据，并将其存储在可靠的位置，电力交易平台可以实现对平台活动、事件和状态的记录和监控。通过对这些日志数据进行分析，可以及时发现潜在的问题、异常情况和安全威胁，进而采取相应的措施。安全审计和合规性要求也是电力交易平台日志管理的重要方面，通过记录和跟踪用户活动、系统访问和交易操作，可以满足审计和合规性审查的需求。警报和响应机制可以在日志中检测到异常事件，并及时通知相关人员，以便快速应对问题。

记录系统运行的所有微服务运行的日志，为电力交易各个业务提供日志接口服务，提供日志存储、检索和统计等功能。可对日志提供级别分类，包括 info、debug、error，且可指定只记录以上一个或者多个类型日志。

7.4.2 业务子项

7.4.2.1 日志信息管理

1．业务子项描述

日志信息管理包括审计日志查询、审计日志归档、痕迹管理、日志展示及检索、高级应用、登录记录等功能。审计日志查询功能，通过事件主体、账号、时间点/时间段、日志分类、事件分类、IP、事件结果等查询条件，对系统重要安全事件（包括用户和权限的修改增删改、配置定制、审计日志维护、用户登录和退出、越权访问、连接超时、密码重置、数据的备份和恢复等系统级事件，业务数据增删改、业务流程定制、交易操作中断等业务级事件的审计日志）进行查询；审计日志归档功能，将系统中记录的用户操作日志进行归档操作，归档后的数据在日志管理中不再出现，已归档的操作日志将在日志管理中隐藏；痕迹管理功能，系统管理人员可方便地将页面数据启用痕迹管理，一经启用，系统将追踪数据变更，记录用户、时间、前后值等信息，修改后可设显示色以示区分，若痕迹管理数据被修改，页面变色显示，鼠标移至变色项弹出修改细节；日志展示及检索功能，可通过对保存的日志在线浏览，还可通过关键字查找日志内容，同时还提供按照时间和业务分类的日志搜索方法，为日志搜索提供便利；高级应用功能，根据日志中记录的电力交易用户操作信息，分析用户操作行为，按照市场合规、基础支撑、市场服务、信息发布、交易管理、系统管理、市场结算、合同管理业务场景，针对日志信息进行系统审计和分析电力交易行为；登录记录功能，在用户登录时，将用户登录时的相关信息，如用户名、用户登录的 IP 等信息保存下来，方便管理员以后对用户的登录信息进行查询。

2．工作要求

（1）审计日志查询。

1）实现根据事件主体、账号、时间点/时间段、日志分类、事件分类、IP、事件结果等查询条件，对系统级和业务级重要安全事件进行准确查询。

2）提供结果分页和排序功能，以便于查看和分析大量日志条目。

（2）审计日志归档。

1）归档机制，能够将操作日志按时间或大小进行归档。

2）确保归档后的数据在日志管理中不再显示，以保持日志管理界面的清晰性。

3）数据完整性和归档存储的安全性，避免数据丢失或篡改。

（3）痕迹管理。

1）管理员能方便地启用痕迹管理，对页面数据的变更进行追踪。

2）确保变更后的数据项在页面上有明显标识，便于用户识别。

（4）日志展示及检索。

1）提供图形化界面，使用户能够在线浏览保存的日志。

2）实现关键字搜索功能，以方便用户快速找到所需的日志内容。

3）时间和业务分类的日志搜索方法，以增加日志搜索的灵活性。

（5）高级应用。基于业务场景进行系统审计和分析，发现潜在的异常操作和趋势，以支持业务决策。

（6）登录记录。提供管理员查询界面，允许根据用户名、IP 等信息检索用户的登录历史。

3．关联

审计日志记录功能与各业务之间存在紧密的关联，在各业务操作中，都会涉及调用审计日志服务来进行操作信息的记录。

7.4.2.2　日志数据管理

1．业务子项描述

日志数据管理主要对日志数据的集中统一管理，包括日志数据接入、日志数据计算以及日志数据存储 3 方面，实现数据接入、数据计算以及数据存储相关的功能。

2．工作要求

（1）数据接入。

1）实现统一的数据接入接口，确保能够准确记录电力交易操作信息。

2）确保每次有价值的操作信息都能被捕获并传递到日志服务。

3）确保数据接入接口的安全性和可靠性，防止数据丢失或篡改。

（2）数据计算。

1）确保计算结果准确性，避免错误的统计和计算。

2）确保数据计算的性能，以保障计算效率。

（3）数据存储。

1）实现数据存储和查询接口，允许业务方进行灵活的数据查询。

2）保证数据存储的性能和扩展性，以应对数据量的增长。

3．关联

日志数据管理中数据接入与其他微服务中的服务接口存在关联。

7.5 系 统 配 置

7.5.1 业务项描述

系统建立一个配置中心提供配置功能，通过配置手段可以方便配置出用户使用环境、用户使用资源、系统使用环境、系统使用资源、系统参数、目标等，使用户能以在最优的环境下使用。对应用通过配置能最优化地使用资源，减少资源浪费，提高系统响应能力和处理能力。系统配置和系统控制的结合实现管理人员对系统的能控、可控、在控的总体要求。

系统配置包括系统参数配置、系统运行配置、系统资源配置。

7.5.2 业务子项

7.5.2.1 系统参数配置

1．业务子项描述

系统参数配置可以对系统内的统一编码（实际值与显示值的对应关系）、系统参数维护（版本号、所属机构等）、日志记录窗口长度配置、原始显示窗口大小、初始缓冲区大小、告警阈值配置、警示标志色例、用户（角色）配置、业务流程配置、业务规则、字典、业务流程、设备启停值等配置。

2．工作要求

系统参数配置通过对资源操作进行参数设置，而不需要通过菜单操作。

3．业务流程

系统参数配置流程如图 7-10 所示。

4．关联

系统参数配置与整个系统的各个微服务都有紧密的关联，为各个微服务需要用到的公共参数进行统一配置。

7.5.2.2 系统运行配置

1．业务子项描述

系统运行配置完成应用程序的部署，应用程序的启停优先顺序，告警打印、事件打印的指向打印设备和优先顺序，应用程序的打印设备分配及优先顺序，声光告警的指向分配，告警显示的指向分配和优先顺序，日志分类存储设置，应用程序指向隔离器分配和优先顺序等。

2．工作要求

系统运行配置可通过对资源模型图的操作进行配置，也可采用参数表的形式配置。

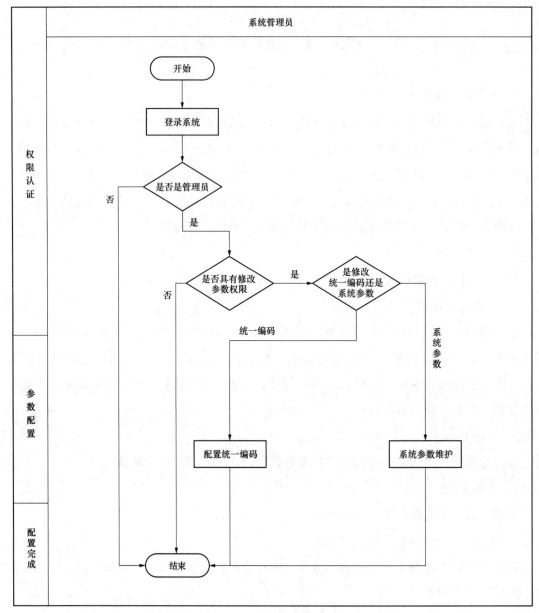

图 7-10   系统参数配置流程

3．关联

系统运行配置与各个微服务的运行参数配置进行相关联。

7.5.2.3   系统资源配置

系统资源配置是对系统所使用的硬件、软件、虚拟资源和基础业务（IP、vlan、负载均衡策略、防火墙策略、账号权限）及其环境等进行初始资源配置。

1．业务子项描述

系统资源涵盖硬件资源、软件资源、虚拟资源和基础支撑资源四大部分。硬件资源包括主机、存储、网络、安全、打印机外设和机房辅助等。软件资源包括基础软件和应用系统。虚拟资源包括虚拟服务器和资源池等。基础支撑资源包括 IP、vlan、防火墙策略、负载均衡策略、隔离器策略、账号权限、机柜空间和配线架端口等。

系统资源要建立精简的平台资源和实用业务资源，支持现有业务应用场景，具备灵活的扩充能力，随时扩展。

2．工作要求

系统资源配置可通过对资源的操作进行资源配置，而不需要通过菜单操作。

3．关联

硬件资源与设备有关，由设备管理或供货商提供相关技术支持。

虚拟资源与虚拟设备的管理部门有关，与虚拟设备管理部门配合。

软件资源分为两大部分，基础软件由基础软件管理部门提供支持，应用系统应按照应用系统的具体功能和所需资源及环境提供相应的配置接口。

基础支撑资源由相关的管理部门提供支持。

7.6 系 统 监 视

7.6.1 业务项描述

系统监视对系统内运行的各类资源（硬件设备、软件、应用、服务）的运行工况进行监视。要求系统内部的软硬件根据规范的格式上送运行状态数据和使用资源情况，对软硬件的运行状态和使用资源进行动态图形化展示，对越限数据根据限值分类告警，系统管理人员可以通过这些运行状态对系统的软硬件运行情况进行评估和分析，并为系统控制操作提供依据。

7.6.2 业务子项

7.6.2.1 统一监视平台

1．业务子项描述

系统监视建立统一的监视控制平台（中心），在统一监视页面中，通过不同分类筛选、展示不同的监视信息。如硬件运行状态、软件运行状态、告警信息（CPU 告警、内存告警、磁盘告警、网络 IO 告警、磁盘 IO 告警）、内外网在线人数、应用部署数、正常应用数、故障应用数等。同时以业务运行为主线，对支撑其的中间件、数据库、网络、虚拟资源等进行监测。展示以图形拓扑方式进行信息展示，对于显示的性能指标和统计指标，提供实时、历史数据查询管理和告警通知等手段。

2．工作要求

统一监视平台的各检测项或者监视指标能够灵活配置，图形拓扑可以方便地增加、删除、修改。

3．关联

统一监视平台与系统中各微服务的运行状态相关联。

统一监视平台关联如图 7-11 所示。

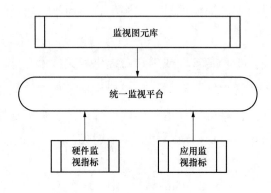

图 7-11　统一监视平台关联

4．工作内容

（1）统一监视平台提供统一风格图元。

（2）监视内容提供筛选功能。

（3）监视指标项支持用户自定义维护。

7.6.2.2　硬件状态展示

1．业务子项描述

硬件状态展示可以查看系统中服务器运行参数和状态信息。如展示服务器数量、CPU 颗数、服务器的 CPU 使用率、CPU 使用率历史曲线、内存总量、内存使用率、内存使用率历史曲线、磁盘总量、磁盘使用率以及各项硬件的温度、风扇速度等，对于网络类设备要展示网络流量，使用端口数和端口号。有助于工作人员及时发现问题，排查问题，保证系统维持一个良好的硬件支持状态。

2．工作要求

系统内部所有硬件都应遵循监测数据规范，定时上送工作状态数据和本设备的资源使用情况。

3．关联

硬件状态展示关联如图 7-12 所示。

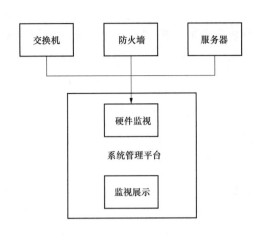

图 7-12 硬件状态展示关联

4. 工作内容

（1）硬件状态展示分为计算资源状态展示、存储资源状态展示、网络资源状态展示。

（2）计算资源状态展示需要对服务器数量（云服务器）、服务器启停状态、服务器载荷、运行时间、节点综合健康状态，CPU 颗数、CPU 使用率、CPU 使用率历史曲线，内存总量、内存使用率、内存使用率历史曲线等内容进行实时的图元展示。业务系统的主机（服务器）性能监测，需要支持 windows、Linux 和 UNIX 等版本的操作系统，采集这些设备的内存、CPU 使用率、硬盘使用率和 IO 数据等。

（3）存储资源状态展示需要对总存储容量、总存储使用率，存储单元容量、存储单元使用率，日、周、月度、季度、年度存储增量变化进行展示。

（4）网络资源状态展示需要对内外网访问量、隔离装置正反向流量、端口数量、端口号等信息进行动态拓扑展示。对于用户的核心网络，汇聚网络的交换机、路由器、负载均衡和防火墙等网络设备进行监测，收集这些设备的内存、CPU 使用率、端口状态、流量、丢包率、系统日志，并统计出健康运行时长，形成历史记录。

7.6.2.3 软件状态展示

1. 业务子项描述

软件状态展示系统类软件应用的运行状态和使用资源等情况。如展示应用的启停状态（已停止、已启动、启动失败、停止失败），运行状态（运行中、故障、已停止），资源使用情况（应用 CPU 使用率等，与硬件服务器监视类同）。如果正在进行传输，还要显示传输速率和传输进度，当与其他应用通信时，要显示占用或调用应用数量和具体应用，并提供状态界面，可以方便地进行状态查看与监视。

2．工作要求

系统内部所有软件都应遵循监测数据规范，定时上送监测数据，包括 CPU 使用率、内存使用率、磁盘使用率、网络 IO、接口每秒钟能够处理的请求数量等。

展示与业务系统关联相应的中间件、数据库服务器、网络设备等资源。对这些 IT 基础资源进行独立的监测展示，使用在线采集数据。系统采用分离算法，避免由于对资源的重复采集使被监测对象性能受到影响而降低。

3．关联

系统监视功能关联监测数据。

软件状态展示关联如图 7-13 所示。

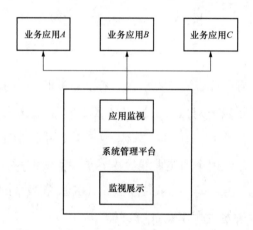

图 7-13　软件状态展示关联

4．工作内容

（1）监视软件的运行工况。

1）监视 Tomcat 等中间件的信息和性能数据并进行检测展示。

2）监视当前活动连接数、活动连接数的高水位线、当前容量、最大容量、当前等待连接数、等待连接数的高水位线、实例化以来累计的连接数、平均活动连接数、连接时延、泄漏的连接数、重新连接的失败数、最大可用连接数、最大不可用连接数、可用连接数和不可用连接数。

3）监视当前连接利用率、JVM 内存堆空闲量、JVM 内存堆总量、JVM 内存堆使用率、中间件状态、健康运行时间和当前打开的 socket 数等指标。

（2）监测展示 Mysql 等主流数据库的状态信息。通过 SNMP 和 JDBC 等方式获取数据库运行状态数据，包括：

1）数据库状态、用户连接数、共享内存使用率、平均事务响应时间、最小事务响应时间、最大事务响应时间。

2）表空间大小、表空间总空闲大小、表空间利用率、回滚段使用率、库缓存命中率、数据库运行时长、数据字典命中率。

3）总物理读数、总物理写数、日志缓存使用率、磁盘读数、磁盘写数、缓存大小、数据库文件大小。

4）缓冲池命中率、缓存命中率、日志缓存命中率等指标。

（3）对业务系统的监测展示。

1）通过对业务系统数据流的分析，判断出用户请求和系统响应的时延，并对连续业务的各个请求的最大时延进行展示。其中，最大请求数的时延是关键指标。

2）对于省内的多个业务系统的时延汇总，需要计算出各业务系统请求数值和最大时所对应的时延，并进行展示。

7.6.2.4 虚拟环境监测

1．业务子项描述

实现对云终端、虚拟机、资源池的采集，如虚拟机的运行情况、虚拟资源的分配情况的采集等。

2．工作要求

（1）对云终端设备状态进行监测。

（2）对虚拟机关键指标状态进行监测。

（3）对资源池使用情况进行监测。

3．关联

虚拟环境监测关联如图 7-14 所示。

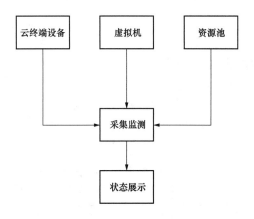

图 7-14 虚拟环境监测关联

4．工作内容

云终端设备监测包括安全监测，对云终端安全性相关指标进行监测；数据流量监测，对云终端数据流量进行监测；资源占用率监测，对云终端资源占用率情况进行监测。

虚拟机关键指标监测包括基础信息采集（对虚拟机自身软硬件信息采集）、运行情况监测（对虚拟机运行情况进行监测）和分配情况监测（对虚拟资源的分配情况进行监测）。

对资源池使用情况监测包括对资源池规模监测，对最小及最大资源池数目、分配到资源池的请求数量进行监测。

7.6.2.5　告警信息展示

1．业务子项描述

用户通过灵活配置告警类别、严重级别、告警阈值生成规则。系统依据用户配置的告警规则提供包括短信、邮件等多种方式的告警服务功能，通过告警管理降低系统管理人员的被动性。

系统对资源的长期监控，会形成日常使用量预估，比如存储。通过存储的监控，会形成业务系统对使用量预估，用户通过定义一定的资源量阈值，当资源量不满足预期使用时，提前给出告警提示；当资源发生突变或者是某日的资源变化情况和连日来曲线不一致，自动发出告警，保证业务系统试用的稳定性。

2．工作要求

（1）用户可以对资源量自定义阈值。

（2）支持用户自定义系统检测的频度。

（3）支持用户定义预警的方式。

（4）支持告警抑制功能的扩展。

（5）支持资源异动告警。

3．关联

告警信息展示关联如图 7-15 所示。

图 7-15　告警信息展示关联

4．工作内容

（1）展示告警的概览信息：告警类型（CPU 占用率告警、内存占用率告警），告警级别（一般告警、严重告警），告警数量。查询告警详情（具体的阈值），展示每条告警的具体信息。告警方式可以设置，并按警示等级采用不同的声、光、颜色、短信、滚动条等。

（2）实时告警：实时告警主要针对业务和资源提供实时告警。提供告警名称、发生时间地点、告警类型、告警信息、重复次数和关联分析等指标。

（3）告警开关：操作分为自动模式和手工模式。自动模式依据运维人员录入的检修计划，针对检修涉及的业务系统（模块），由监测模块自动停止和启动实时告警；手工模式依据使用场景而决定。

（4）告警查询：系统提供对历史告警的查询功能，查询的条件包括时间段、告警名称、所属资源、严重程度（紧急度）、类型、发生地点等。

7.6.2.6　多云平台兼容

1．业务子项描述

系统监控能够兼容阿里云和华为云对市场服务、市场出清、市场结算、市场合规、信息发布、基础支撑 6 个模块容器的运行情况、微服务的健康状态等进行监控。

2．工作要求

系统监控能够兼容阿里云和华为云运行。

3．关联

多云平台监控与整个系统的软、硬件设备都有紧密的联系。

7.6.2.7　运行风险监控

1．业务子项描述

系统对服务运行状态、端口、CPU、线程等信息进行可视化实时监控，一旦服务异常，即可发送异常信息至告警，通知管理者异常信息并要求其尽快处理，实现服务运行的风险监测，为服务健康提供保障，为系统安全保驾护航。同时实现接口超时、慢接口和服务故障的实时风险监控管理，当系统存在接口超时、慢接口和服务故障，可实时进行监控和分析。对监控结果进行展示，能及时有效的发现接口问题，提升系统稳定运行能力及风险监控能力。通过对微服务不同风险设置的告警策略并配置联系人的手机号、邮箱等信息，在触发告警后，可以通过告警源、告警名称、告警时间等进行查询，同时在实时告警页面上展示该告警。在告警确认后，实时告警转为历史告警，达到服务运行的风险告警。实现 7×24h、全平台覆盖的实时运行风险的监控和预警。

2．工作要求

监控系统运行状态，能够针对不同风险设置不同告警策略。

7.6.2.8　业务监控

1．业务子项描述

建立对业务访问流量和业务状态的监控管理，通过业务访问流量，可以分析出业务访问量趋势，根据业务访问历史峰平谷流量，提前调整微服务负载配置，避免出现业务运行因为负载超出流量预期导致业务无法正常开展。当监控业务流量负载到达阈值时，发送告警信息通知运营人员，手动扩容微服务节点。

2．工作要求

通过流量判断业务状态，保障服务资源合理运用。

3．关联

业务监控分析访问流量会关联软件状态展示和硬件状态展示。

7.6.2.9　组件监控

1．业务子项描述

建立电力交易平台对云平台组件和基础组件的监控管理，当组件发生异常时，及时向运营人员发送告警信息。

需要监控的基础组件包括隔离装置、消息中间件、Redis 缓存、关系数据库、注册配置中心、微服务网关、Elasticsearch 搜索引擎。

需要监控的微服务组件包括文件服务、文件预览、帆软报表、全网通、工作流、电子签章、消息推送、短信、邮件、系统配置、审计日志、系统日志、用户中心。

2．工作要求

针对基础组件和微服务组件进行监控，保障有异常时能够迅速通知到运营人员。

7.6.2.10　异常监控

1．业务子项描述

异常监控需要实现监控用户访问平台时产生的所有异常信息，异常信息包括前端异常、后端异常和后端超时。通过这个功能可以及时发现平台的性能瓶颈，快速捕获异常错误，并及时向运营人员发送告警信息。

2．工作要求

保障服务存在异常信息时，能够迅速捕获并发送告警。

3．关联

异常监控在发送告警时，关联告警接口服务。

7.6.2.11　安全风险监控

1．业务子项描述

通过建立统一规范的交易平台安全运行监控系统，支撑各省交易平台安全稳定运行，满足交易公司规范化运作的需要，提供交易平台实时安全运行数据展示、记录等，实现安全预警、安全报警等功能。支持安全运行指标方案可自定义配置。

2．工作要求

支持交易平台实时安全运行数据展示、记录等，实现安全预警、安全报警等功能。

3．关联

安全风险监控在发送告警时，关联告警接口服务。

7.6.2.12　运行监视

1．业务子项描述

通过建立对全网平台运行情况的监视，监控数据统一汇总到省内平台进行统计分析，监视的对象包括系统实时访问流量、在线用户数、新注册用户数、日均用户活跃数、安全配置、微服务 CPU 内存使用率、微服务节点数。

2．工作要求

支持对全网交易平台实时访问量、在线用户数、新注册用户数、日均用户活跃数、安全配置、微服务 CPU 及内存使用率、微服务节点数等进行监视。

3．关联

运行监视在获取分析数据时，关联软件、硬件状态展示。运行监视在发送告警时，关联告警接口服务。

7.7　系统诊断分析

7.7.1　业务项描述

为了提升平台的可靠性和故障快速处理的能力，必须提供对系统内的硬件、软件、网络等的运行状态进行诊断的功能，并根据诊断结果给出性能、效率、问题原因和趋势，给出排查优化建议，为问题的定位、系统运行情况的控制提供支撑。对相关的功能、资源进行诊断并得出综合分析报告。

7.7.2　业务子项

7.7.2.1　硬件设备自诊断

1．业务子项描述

所有硬件设备必须提供自诊断功能或类似功能，在收到自诊断指令后需立即启动自诊断程序，对设备的 CPU 负载、内存占用率、存储使用情况、网络通路（端口）、网络资源占用情况等资源的耗用情况汇总上报，并对设备的功能（应用）的运行状态进行测试，检测各功能的性能指标和状态，将测试结果上报。

2．工作要求

设备资源耗用情况包括以下指标信息。

CPU 使用率：设备上 CPU 使用率是多少。

存储使用情况：报告设备存储（内存、缓存、硬盘）使用情况，以便在存储将满时可以及时告警和处理。

网络通路使用：报告网络流量（或吞吐率）和端口使用情况等。

设备的功能运行状态情况根据各设备提供的主要作用来定，如网络隔离器则要诊断转发软件是否正常，两端网络端口是否正常，吞吐率情况，设备（功能）平均响应时间等。

3．关联

硬件设备自诊断，需关联硬件状态展示中的硬件监控数据。

7.7.2.2　软件自诊断

1．业务子项描述

软件主要是指系统级软件，包括操作系统、数据库、虚拟服务管理、云服务管理、中间件、存储管理等。这些软件必须具备一定的自诊断功能，能对自己的应用的各项状态、环境、资源等进行诊断，将诊断结果上报。

2．工作要求

所有软件在收到自诊断命令后，就要立即对自己的各项状态、环境、资源等进行诊断。如果要与外部链接，还要测试与外部的链接是否正常，内部还需提供一些响应指标，并汇报结果。

3．关联

软件设备自诊断，需关联软件状态展示中的软件监控数据。

7.7.2.3　应用自诊断

1．业务子项描述

应用收到自诊断命令后，立即对自己的各项状态、环境、资源等进行诊断，对自己所有为主关联的微应用（微程序）进行测试。如果与外部有链接，还要测试与外部的链接是否正常，与关联应用是否正常，与系统软件之间是否正常，在本应用内部还需提供一些响应处理指标，并汇报结果。

2．工作要求

所有应用在收到自诊断命令后，就要立即对自己的各项状态、环境、资源等进行诊断，并根据的应用特性，测试与外部的链接、通信是否正常，与系统软件之间是否正常，要计算自己的一些响应指标，并汇报结果。

7.7.2.4 安全诊断

1．业务子项描述

为了提高系统安全性能，通过系统安全诊断排查系统中存在的漏洞、病毒等安全威胁。

2．工作要求

系统必须具备安全诊断功能，能自行对本系统内的所有资源进行安全诊断检查。具体按照安全管理中心章节相关要求执行。

3．关联

安全诊断，需关联安全风险监控中的监控数据。

7.7.2.5 诊断分析

1．业务子项描述

诊断分析能够对上述收集的诊断信息按照一定的规则进行分析，提供各类指标的梯级告警阈值设置，提供各类参数的建议工作值、优化值设置等。

2．工作要求

诊断分析要能够给出各类分析报告，如临界工作报告、超限工作报告、故障工作报告，警示工作报告，要给出优化方案或建议。

要能够对各类资源的使用发展趋势给出分析，使管理人员能了解资源应用情况，提出给出优化方案、补充方案。

要能对各类设备的近期运行情况进行统计分析，根据设备的近期故障次数的发展趋势给出更换建议。

3．关联

在进行诊断分析时，从硬件设备自诊断、软件自诊断、应用自诊断、安全诊断功能中获取用于分析的数据。

7.7.2.6 请求库管理功能

1．业务子项描述

管理系统中所有请求，可以新增、编辑和删除请求，点击新增，填写请求名称、协议、IP 地址、端口号、请求方法、请求路径、请求体，点击确定新增请求。

2．工作要求

能够管理请求类信息，可以查询、新增、编辑和删除请求。

7.7.2.7　请求执行功能

1．业务子项描述

可以在系统页面功能中执行请求，在系统请求库管理界面，点击对应请求的执行按钮，点击执行，跳转请求执行详情页，填写并发数量，点击执行，会显示请求执行状态、响应时间和执行成功率。

2．关联

请求执行功能在执行请求时，会关联请求库管理功能，从中获取请求相关信息。

7.7.2.8　测试监控功能

1．业务子项描述

可以在系统页面功能中监控测试计划，在系统测试监控管理界面点击新增，填写测试计划名称、测试网省、计划测试时间、测试持续时间和测试请求，点击确定新增测试计划。

2．关联

测试监控功能，在配置测试计划时，关联请求库管理功能，从中获取请求信息。

7.7.2.9　测试结果分析功能

1．业务子项描述

点击测试记录，可以查看请求名称、并发数量、测试持续时间、请求执行状态、响应时间、执行成功率，进行测试结果分析。

2．工作要求

能够对测试结果进行分析。

7.7.2.10　数据库性能评价功能

1．业务子项描述

数据库管理，点击测试跳转数据库测试页面，填写线程数量、执行时间、测试类型、测试表数量、表初始数据量，点击开始测试，测试完成后，点击测试记录查看测试结果，根据并发数、平均 QPS、最大 QPS 评价数据库性能。

2．工作要求

能够对数据库性能进行评价。

7.7.2.11　Redis 性能评价功能

1．业务子项描述

点击新增，填写测试名称、IP、端口、密码，点击保存，新增 Redis 缓存信息，填写请求总数、并发数，点击开始测试，测试完成后，点击测试记录查看测试结果，根据并发数、服务器每秒能够响应的查询次数、平均响应时间评价 Redis 性能。

2．工作要求

能够配置 Redis 参数信息，并能够对 Redis 服务性能进行评价。

7.7.2.12　性能评价功能

1．业务子项描述

根据请求执行情况、数据库性能和 Redis 性能综合评价性能情况。

2．工作要求

能够对数据库和 Redis 进行综合性能评价。

3．关联

性能评价功能，在进行数据库、Redis 性能数据进行分析时，会关联数据库性能评价功能和 Redis 性能评价功能获取相关数据。

7.8　消　息　管　理

7.8.1　业务项描述

消息主要是在系统中由于业务的触发自动生成的提醒或通知数据，通过系统中的站内消息提醒功能实现消息推送红点通知、右侧弹出通知、小窗口提示、大窗口提示、提示音提示功能，实现消息协同管理。

7.8.2　消息管理

1．业务子项描述

实现消息推送红点通知、右侧弹出通知、小窗口提示、大窗口提示、提示音提示功能，实现消息协同管理。可通过用户 ID、角色、组织进行批量消息推送，并为业务功能提供接口，实现业务消息的通知展示。消息可待处理的超链接，支持通过消息内容快捷打开处理界面。

2．工作要求

要求能够对消息以多种方式推送并提醒，达到消息协同管理。

3．关联

消息管理与各业务都相关，各个业务都会涉及消息推送。

7.9　市场运营监控中心

7.9.1　业务项描述

构建涵盖市场出清、市场服务、市场结算、信息发布等业务模块的运用监控，加强市场全面监测和运营能力建设，实现多维监测分析，支撑全方位、可视化的市场运营分析业务高效率开展，提升市场动态感知能力。

7.9.2　业务子项

7.9.2.1　市场出清

1．中长期交易业务监测

（1）业务子项描述。中长期交易业务监测，监测中长期交易的交易基本信息、交易结果信息和合同信息。并对交易信息和合同信息进行异常信息校核并标示异常信息。

（2）工作要求。监测中长期交易的交易基本信息、交易结果信息和合同信息，监测中长期交易公告发布、结果发布和合同生成情况。

校验异常信息主要包括以下内容：

1）未正常关闭的交易，交易执行日期已开始，交易结果还未发布。

2）交易准入成员中的市场主体与市场服务的名称与数量不一致。

3）交易结果中购方电量与售方电量不一致。

4）交易关键信息不完整，包括交易序列、交易品种、交易方式、交易周期、市场主体信息、市场成员类型、角色、成交电量、电价等信息。

5）合同关键信息不完整，包括市场主体信息、交易序列、开始日期、截止日期、合同电量、电价等信息。

6）合同市场主体信息在交易结果中未查询到。

（3）业务流程。中长期交易业务监测流程如图 7-16 所示。

（4）关联。中长期交易贯通性校验与市场服务功能中的获取市场主体信息接口进行关联。

2．省内现货业务监测

（1）业务子项描述。省内现货业务监测，监测省内现货交易的出清结果信息。可按交易日期查看市场主体成交电量及成交电价等信息。

（2）工作要求。省内现货业务监测需要具备省内现货交易出清结果数据。

校验异常信息主要包括现货关键信息不完整，即交易类型、市场主体 ID、市场主体名称、角色、申报单元类型、申报电量、申报电价、成交电量、成交电价等信息不完整。

（3）业务流程。省内现货业务监测流程如图 7-17 所示。

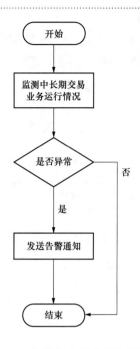

图 7-16　中长期交易业务监测流程

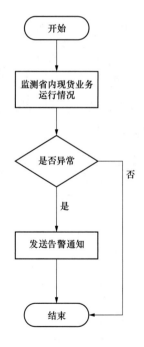

图 7-17　省内现货业务监测流程

7.9.2.2　市场服务

1. 市场注册分析

（1）业务子项描述。市场注册分析业务，基于主体类型、售电公司资产总额区间、电力用户行业类别、发电企业发电类型等维度，开展市场注册情况的多维分析。

（2）工作要求。开展市场注册情况多维分析，需要具备市场注册数据。

（3）业务流程。市场注册分析流程如图 7-18 所示。

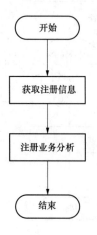

图 7-18　市场注册分析流程

（4）关联。需使用市场注册功能的市场成员注册数据。

2．发电装机分析

（1）业务子项描述。发电装机分析业务，基于能源类型、地市、主要发电集团等维度，开展市场注册装机情况的多维分析，重点支撑对发电侧发电能力的预判分析。

（2）工作要求。发电装机分析，需要具备发电企业机组注册数据。

（3）业务流程。发电装机分析流程如图 7-19 所示。

图 7-19　发电装机分析流程

（4）关联。需使用市场注册功能的机组注册数据。

3．市场效益分析

（1）业务子项描述。市场效益分析业务，基于清洁能源消纳情况、新能源消纳情况、节能减排效益、可再生能源电力消纳责任权重测算等维度，开展市场效益情况的多维分析，重点对电力市场化交易带来的社会效益和经济效益进行分析。

（2）工作要求。市场效益分析业务，需要已具备市场交易数据。

（3）业务流程。市场效益分析流程如图 7-20 所示。

（4）关联。需使用市场结算功能的交易结算数据及可再生能源消纳权重指标数据。

图 7-20　市场效益分析流程

4．在途业务监测管理

（1）业务子项描述。在途业务监测管理业务，按照主体注册、信息变更、主体注销、业务范围变更、零售绑定维度查看省内各类业务的增长情况及各个审核业务的进程信息，包括最新业务状态、处理时长等，针对进度较慢的在途业务可进行催办处理。

（2）工作要求。在途业务监测管理，需要具备各个审核业务的进程信息。

（3）业务流程。在途业务监测管理流程如图 7-21 所示。

（4）关联。需使用市场注册功能的业务审核数据。

7.9.2.3　市场结算——结算业务监测

（1）业务子项描述。结算业务监测，对本省电力交易平台月度结算业务开展进度、结算数据上传省间电力交易平台进度、本省电力交易中心参与省间电力交易结算进度等业务进行监测，协助北京电力交易中心掌握本省结算业务开展情况。

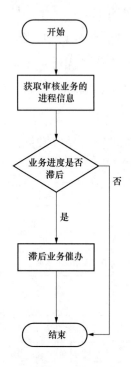

图 7-21　在途业务监测管理流程

（2）工作要求。监测省内电力交易平台月度结算业务开展进度、结算数据上传北京电力交易中心进度、省级电力交易中心参与北京电力交易中心结算进度等业务，需要完成月度结算数据计算。

（3）业务流程。结算业务监测流程如图 7-22 所示。

（4）关联。使用到市场出清功能的合同信息数据、市场服务功能的市场成员信息数据。

7.9.2.4　信息发布——信息披露监测

（1）业务子项描述。信息披露监测功能，实现对省内年度、季度、月度、周、日信息的披露状态进行监测，支持查询省内前 30 条最新信息披露申请记录。

（2）业务流程。信息披露监测流程如图 7-23 所示。

（3）关联。涉及交易机构披露、电网企业披露中的披露信息的名称、状态、数量及发布时间等信息。

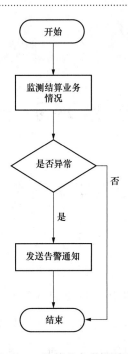

图 7-22　结算业务监测流程

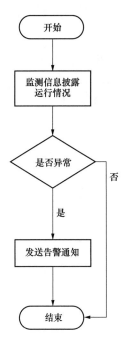

图 7-23　信息披露监测流程

8 平台基础支撑

8.1 平台数据模型工具

8.1.1 业务项描述

平台数据模型工具包括元数据维护、元属性维护、元数据查询、元数据分析和元数据变更等管理功能。可通过元数据维护确保数据描述的准确性，利用元属性维护描述数据的完整性，利用元数据查询快速访问信息。此外，元数据分析帮助深入了解数据特性，元数据变更管理追踪管理修改。以上功能协助用户高效管理、利用和理解数据，为业务决策提供支持。

8.1.2 业务项流程

平台数据模型工具流程如图 8-1 所示。

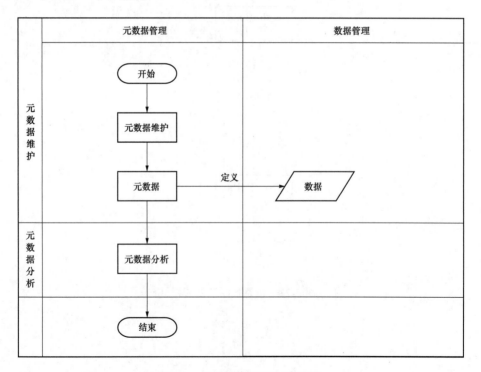

图 8-1 平台数据模型工具流程

8.1.3 业务子项

8.1.3.1 元数据维护

1. 业务子项描述

元数据维护是指对元数据基础信息维护的过程中，按照元数据管理规范，以"定义数据的元数据"为原则，开展元数据功能维护工作，实现元数据基础维护功能。

2. 工作要求

按照元数据管理规范对数据进行必填项校验、数据长度、数据大小、数据类型等进行校验并且维护功能应友好、易用。

3. 工作内容

元数据基础信息支持从数据库字典表中直接导入相应数据表和对应的表字段信息，形成元数据基础信息功能。能支持元数据级联关系维护，并能提供关系详细定义和扩展描述等信息维护功能，支持表基本信息、表数据、表结构预览功能，但要避免物理结构的变动。

8.1.3.2 元属性维护

1. 业务子项描述

提供元数据属性维护，定义元数据对应属性。元数据属性包括所属业务类、业务项、业务子项、业务场景、数据索引编号、时间标志等。

2. 工作要求

按照元数据管理规范要求开展元数据属性维护工作，元数据属性应具备扩展功能，属性的添加应能反映元数据使用场景的详细描述。

3. 工作内容

具备元数据属性维护功能，对元数据的基础属性进行定义，包括所属业务类、业务项、业务子项、业务场景、数据索引编号、时间标志等。

8.1.3.3 元数据查询

1. 业务子项描述

具备元数据查询和检索功能。能够支撑多维度的元数据检索和快速定位及模糊查询功能，并能高效查询列出基础信息和关联信息。

2. 工作要求

按照元数据管理规范要求开展元数据查询工作。查询应高效准确完成，结果应清晰明确，具备关联关系查询功能。

3. 工作内容

在需要查找元数据定义时，具备提供高效的元数据查询和检索功能，在对数据定义出现争议时，能对库、表、字段的详细定义和关联关系进行快速查询，方便使用人员定位数据的存储位置及其含义，支持元数据关联数据信息查询功能。

8.1.3.4　元数据分析

1．业务子项描述

具备元数据统计分析功能，能提供元数据信息和数据库实际信息比对分析功能，为数据一致性、完整性、准确性检查提供技术支持手段。通过元数据信息对全库数据进行多种维度分析，为数据库设计、业务数据维护等工作提供辅助技术支撑。

2．工作要求

按照元数据管理规范要求开展元数据分析工作，分析应提供分析汇总结果，提供不一致提示和处理功能。

3．关联

元数据分析功能，在分析数据时，会关联元属性维护服务获取所需数据。

4．工作内容

具备元数据基础分析功能，能提供多种维度的元数据分析。支持与数据库表和字段做信息比对，发现元数据管理信息和数据库实际存储信息的差异，并具备提示、筛选、维护功能，提供对数据存在问题的自动化处置功能。

8.1.3.5　元数据变更管理

1．业务子项描述

具备提供元数据变更数据管理功能，并对所有元数据进行版本管理，具备提供历史备查功能，具备变更日志记录功能。

2．工作要求

按照元数据管理规范，要求开展元数据变更管理。同时按照变更管理的基本操作步骤进行操作，规范化管理元数据变更，并对所有的变更进行记录与整理。

3．工作内容

在元数据需要发生变更时，具备变更、记录历史版本、版本复制、历史版本追溯、变更原因和影响数据范围描述的管理功能。

8.2　市场模型匹配工具

8.2.1　业务项描述

市场模型分为物理模型和经济模型，电力中长期交易市场主要是基于电力市场的经济模型进行市场报价和市场出清，而电力现货市场主要是基于市场的物理模型作为最小单元进行市场报价和市场出清，该方式使市场出清和电网安全更易结合。这两种模型的设备名称、命名方式、维护周期等都不尽相同，需要及时发现模型名称不一致的问题，并且给用户提供出名称的匹配功能，以保障中长期交易和现货交易的市场报价、市场出清、市场结算等业务功能顺畅运行。

8.2.2　业务项流程

市场模型匹配工具流程如图 8-2 所示。

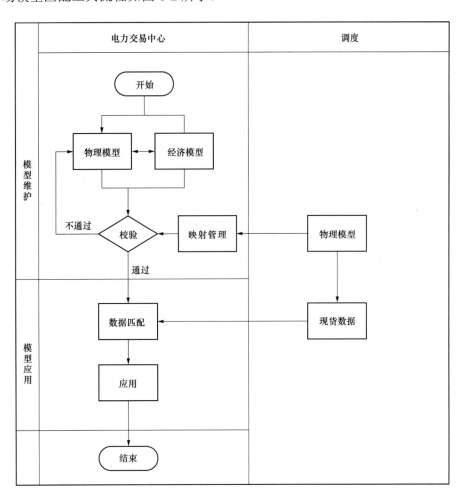

图 8-2　市场模型匹配工具流程

8.2.3　业务子项

8.2.3.1　物理模型管理

1. 业务子项描述

提供物理模型创建工具，实现物理模型高效创建和维护的基础支撑能力。塑造与调度侧对应的电力交易物理模型能力，实现调度端物理模型与交易端物理模型的映射，全面支持现货交易。

2．工作要求与内容

具备根据现货交易的需要，对发生数据交互的物理模型进行名称的映射关系管理，实现规范的模型命名和映射关系管理功能。

3．关联

物理模型管理与各业务微服务接口进行关联。

8.2.3.2　模型版本管理

1．业务子项描述

模型匹配具备版本管理功能，每次匹配操作后自动生成新的版本号和与该版本对应的模型匹配数据集。

2．工作要求与内容

系统具备自动版本号生成能力，在每次进行模型匹配操作后自动生成版本号。版本号的生成需要遵循一致的规则，以确保版本的唯一性和可追溯性；模型匹配数据集关联，每个生成的版本号都需要与相应的模型匹配数据集进行关联。这种关联确保了每个版本的数据集在以后的查找和比较中能够被正确标识，便于审查和追溯；版本对应性，每个版本号必须明确地与其所匹配的模型及其数据集对应。系统应提供能够快速查看版本与模型、数据集之间关联的方法，以确保版本和数据的一致性。

8.3　报　表　服　务

8.3.1　业务项描述

省级电力交易中心作为市场管理运行者和市场客户服务者，服务对象包括发电企业、电力用户、售电公司、电网企业和政府有关部门，需要根据不同用户需求，提供大量统计报表。同时电力交易业务受政策、市场等影响较大，会出现大量多源异构数据，需要报表工具，以便于快速准确提供的统计分析报表，满足多维报表、数据分析、数据可视化展现等需求，报表须具备丰富的图表组件，能制作图文并茂的展示页面，具备多种建模元素，通过组合可制作出复杂的报表，适用各种应用场合的报表需求；报表须支持各种常用的关系数据源，数据来源广泛；支持多种展示方式（HTML、PDF、WORD、EXCEL 等）；支持海量数据展示和深度交互数据探索。

8.3.2 业务项流程

报表服务流程如图 8-3 所示。

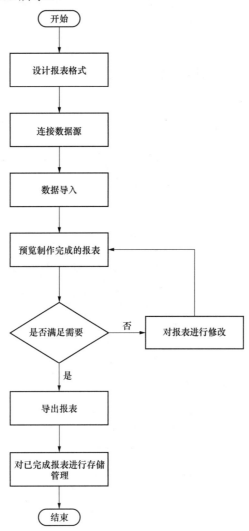

图 8-3 报表服务流程

8.3.3 业务子项

8.3.3.1 报表设计

1. 业务子项描述

创建报表设计功能，提供给报表开发人员的设计开发工具。在该工具中，可以进行各种报表的配置与开发，包括但不限于表格报表、交叉表、图形报表、图表报表以及自由格式报表等类型。

2. 工作要求

（1）满足零编码、拖拽式操作设计要求。

（2）提供表格和图形两大类型报表，针对不同类型的报表需求提供多种设计方式。表格类报表包括普通报表、聚合报表、决策报表等，图形类报表包括柱状图、散点图、饼图、雷达图等。

（3）提供模板文件版本管理功能。

（4）报表设计应该具有灵活性，方便用户进行格式修改。

3．业务流程

报表设计流程如图 8-4 所示。

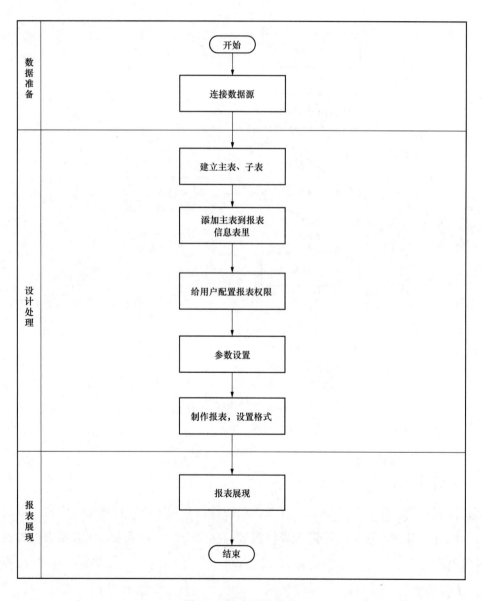

图 8-4　报表设计流程

4．关联

各业务功能的报表设计需依赖此功能。

5．工作内容

（1）报表设计采用零编码的设计理念，绝大多数操作通过拖拽即可完成。

（2）普通报表设计，采用类 EXCEL 的风格，用于解决国内复杂报表，同时支持多 Sheet 和跨 Sheet 计算，兼容 EXCEL 公式，支持公式、数字和字符串的拖拽复制，支持行列变化时单元格引用的内容自动变化等，报表使用者可以所见即所得地设计出任意复杂的表样。

（3）聚合报表设计，用于支持不规则大报表的设计。普通报表模式在处理不规则报表时，需要频繁地合并、拆分单元格，工作极其烦琐。采用聚合报表模式高效处理此类报表需求。

（4）图形化报表设计，支持柱状图、散点图、饼图、雷达图、热力图等可视化报表设计。图形化报表需要提供展示类型、包含数据集合、数据项标签等报表元素的用户自定义功能。

（5）决策报表设计，用于实现驾驶舱、管理看板等应用。采用空白画布式界面，通过拖拽组件的形式在界面上自由组合不同的可视化元素，实现综合分析看板。

（6）报表设计业务子项支持对开发的报表文件进行版本管理，支持保存历史版本，还原历史版本，删除历史版本等。方便用户对开发过程进行管控，降低因意外编辑修改或文件损坏带来的项目风险。

8.3.3.2　报表预览

1．业务子项描述

智能报表开发者对设计过的报表直接进行预览，查看是否满足业务要求，最终成果支持在 PC 端、移动端、大屏进行展示。

2．工作要求

（1）提供便捷的途径，供使用者模拟最终展示效果进行报表预览。

（2）最终成果支持 PC、平板、移动端、大屏设备展示，兼容主流浏览器。

（3）报表展示后也进行存档，保存当前展示的报表内容。

3．关联

各业务功能的报表预览需依赖此功能。

4．工作内容

（1）调用开发环境的系统空间，模拟生成最终展示成果，用户可对模拟成果进行操作，检验报表功能是否存在故障，并核对是否满足业务需求。

（2）提供自适应逻辑，支持横向自适应、双向自适应等，支持在 PC、平板、手机、大屏等多类终端设备上智能自适应展示。

（3）采用画布式操作界面，适应于大屏和移动端展示，通过简单的拖拽操作帮助用户以强大、全面的"管理驾驶舱"，在同一个页面整合不同的数据，实现数据的多维度展示和分析。

（4）报表展示后也进行存档，保存当前展示的报表内容。

8.3.3.3　报表导出

1．业务子项描述

通过报表导出功能，提供系统生成的各类报表导出或定制化地导出指定格式报表，以供用户查看。

2．工作要求

（1）支持多种文件导出。

（2）提供预览页面所见即所得导出。

（3）支持定制化模板报表导出。

3．关联

各业务功能的报表导出需依赖此功能。

4．工作内容

（1）提供多种文件格式的报表导出，导出格式包括 PDF、WORD、EXCEL、TXT、SVG 和图片格式（PNG、JPG、BMP 等）。

（2）支持在预览展示页面导出所见即所得的报表内容。

（3）支持通过后台报表设计器设计指定的格式报表或通过模板上传报表格式，前端指定需导出的数据范围后，通过触发式事件（如按钮点击）导出。

8.3.3.4　报表管理

1．业务子项描述

报表管理以树的形式对报表进行管理，支持报表新建组、新建报表、报表基本信息编辑、报表删除、报表目录树的刷新、报表组及报表模板模糊查询功能。

2．工作要求

（1）以树的形式对系统中报表进行分类整理。

（2）建立报表编辑功能，实现新建报表、报表基本信息编辑、报表删除、报表目录树的刷新等操作。

（3）提供报表查询功能，在众多的报表中进行快速查找和调取。

（4）提供报表模板管理功能，对设计好的报表模板进行管理，方便使用人员调取所需模板，生成所需报表。

3．工作内容

（1）以年、月、日的时间维度创建报表管理树，将报表存储到相应的日期文件夹中。同时，根据报表的业务内容对报表进行分类，包括交易电量类报表、结算类报表等。

（2）建立报表的数据管理功能，利用已经设计好的报表模板，运用其中的运算公式从相应的数据源中采集数据，填入相应的单元中，从而得到报表数据。

（3）通过报表编辑的功能，根据实际需求新建报表，对报表中的数据项、表页数量等基本信息进行编辑，对报表目录树进行更新，提供报表的批量删除功能。

（4）报表查询功能可通过输入关键词的方式在海量报表中快速定位所需的报表，对于确定日期的报表，可通过报表管理树快速定位到所需查询的日期，进行报表的提取。

（5）对设计好的报表模板进行管理，实现系统已有报表的快速调用，如果该报表模板与实际需要的报表格式或公式不完全一致，提供已有模板的修改功能。

8.3.3.5　数据源管理

1．业务子项描述

数据源管理为报表数据的展示提供相关数据来源，通过用户管理权限分配对报表数据源进行访问和操作。支持多种数据源的连接方式，支持通过 JDBC 的方式直接连接数据库，或通过 JNDI 的方式与应用服务器共享数据连接。

2．工作要求

（1）支持通过 JDBC 的方式直接连接数据库。

（2）支持通过 JNDI 的方式与应用服务器共享数据连接。

（3）可支持多种数据源类型，如关系型数据源、文本数据源、内置数据源、Nosql 数据源、其他数据源等。

（4）通过设置对报表、模型或所使用的任何共享数据源的权限可以控制对数据源属性的访问。

3．工作内容

（1）支持多种数据源类型。

1）关系型数据源：包括 Oracle、SqlServer、MySql、DB2、Sybase、Informix、阿里云 OSS、华为云 OBS、RDS、DM 等主流的关系型数据库；支持 SQL 取数据表或视图，

也支持存储过程。

2）文本数据源：EXCEL 文件、TXT 文件、XML 文件的数据。

3）内置数据源：支持服务器内置数据集和报表内置数据集。

4）Nosql 数据源：支持 MongoDB 等非关系型数据。

5）其他数据源：支持程序数据源、json 数据、SAP 数据源等。

（2）采用异构数据源模型，支持进行多源数据关联，使得同一张报表的数据可以来源于同一数据库的多个不同表或多个不同数据库。

（3）通过 AbstractTableData 抽象类的方式读取数据源，使得用户在报表制作时能够满足复杂多变的数据源。

（4）提供数据源的权限管理功能，明确不同用户对数据源进行操作的权限。对数据源的操作包括新建数据源、修改数据源、删除数据源、数据源目录树的刷新等。

8.3.3.6　报表回填

1．业务子项描述

在传统的定义下，报表主要承担展示的职责。解决数据呈现的问题，即把数据从数据库中取出来，然后以各种形式展现，对展示的结果可以进行导出、打印等。本系统中的报表服务还应提供报表回填功能，提供给业务人员或者用户对展示的数据进行增加、修改、删除等操作。并需对回填操作进行痕迹记录，包括记录操作人员、操作时间等。

2．工作要求

（1）报表回填功能需要对数据和报表结构有着比较强的处理能力。

（2）可支持多样的填报风格，包括多源填报、数据来去无关填报、自由填报、行式填报、交叉填报。

（3）可支持填报的提交控制，支持多种提交方式。

（4）可支持填报时的数据校验，对数据的有效性和合法性做出判断。

（5）对回填操作进行痕迹记录，可记录操作人员、操作时间等。

3．工作内容

（1）支持多种填报方式。

1）多源填报：一张填报表中的数据可以指向多个不同数据库或数据表。

2）数据来去无关：填报表中可以从 A 数据库取数进行计算，经编辑后数据交至 B 数据库或 C 数据库，数据的来源与去向是完全独立的，也就是可以做到数据的来去无关。

3）自由填报：提供样式自由、编辑风格多样化的数据录入界面，用来采集信息并保存入库，这样的报表我们称之为自由格式填报表。

4）行式填报：若需要在展示数据库原有的数据的基础上再对数据进行添加、删除、修改，可以使用行式填报。

5）交叉填报：支持交叉报表的回填。

（2）支持多样的填报风格，填报控件支持文本、数字、日历（日期，时间）、下拉框、下拉复选框、下拉树、按钮、单选按钮、单选按钮组、复选框、复选框组、密码、文本域、列表、视图树、表格树、文件上传、多文件上传和网页框等。

（3）支持智能提交、插入提交、更新提交、删除提交等多种提交方式，同时还可设定当单元格未被编辑时则不参与提交。为了提高填报报表设计的易用性，应提供了智能添加字段、智能添加单元格（组）等功能。

（4）支持单元格自身、不同单元格间、不同 Sheet 间的数据校验，能通过即时校验、提交校验、公式校验、JS 校验等多种方式对数据的有效性和合法性做出判断，并将校验信息反馈给使用者，避免非法数据的入库，降低用户录入数据的错误率。

（5）对回填操作进行痕迹记录，可记录操作人员、操作时间等。

8.3.3.7　报表可视化

1．业务子项描述

创建一个多样化的报表服务，支持多种可视化类型。这些报表类型包括但不限于传统的折线图、柱状图、散点图、饼图、K 线图；还有用于统计的盒形图，用于地理数据可视化的地图、热力图、线图、报告；用于关系数据可视化的关系图、treemap、旭日图；以及适用于多维数据可视化的平行坐标。此外，还支持用于商业智能（BI）的漏斗图和仪表盘，并能够灵活组合不同类型的图表。

2．工作要求

（1）用户可利用报表服务形成多种类型、格式的报表、报告，包括折线图、柱状图、散点图、饼图、面积图等类型在内的常规类型报表，包括 K 线图、盒形图等类型在内的数据统计分析类型报表，包括关系图、树状图、旭日图等类型在内的数据关系展示类型报表，包括雷达图、仪表盘、词云图、玫瑰图等类型在内的 BI 分析类型报表，包括 GIS 地图、热力图等类型在内的地理图类型报表，同时具备前端可视化展示。

（2）用户可利用报表服务生成同时比较两个以上的维度数据的报表，进行可视化展示。

（3）用户可通过点击报表中的数据项，隐藏或显示该数据项的图形，以方便用户更好阅读数据。

（4）用户可定制多种页面布局方式，支持不同报表组件进行组合展示，形成多元数据分析页面。

（5）生成的报表支持组件之间的联动分析，点击某个组件，相关联的组件自动触发数据更新效果。

3．工作内容

（1）图形报表生成流程按照"用户选定待展示的数据集合，选择需要生成的图形报表类型，生成可视化图形报表"设计。用户选定待展示的数据集合包括确定需要展示的不同数据项以及每个数据项包含的数据，数据项展示的顺序等。除默认按照数据集中的第一列数据作为数据项名称外，还可以人工设定数据项的显示名称。同时，数据报表服务支持调整或修改已生成报表的展示数据内容。

（2）报表展现的类型包括但不限于折线图、柱状图、散点图、饼图、面积图、K 线图、盒形图、关系图、树状图、旭日图、雷达图、BI、仪表盘、词云图、玫瑰图、GIS 地图、热力图等。

（3）用户可以指定每个数据项显示形状的颜色，以便在可视化展示时更直观地区分不同类型数据差异。部分类型报表还能指定不同的数据项展示时采用不同的数据形状，例如折线图中可指定不同的数据项分别采用实线和虚线等多种表现形态。

（4）对于包含坐标轴的可视化报表，用户可指定数据项遵从不同维度的坐标轴刻度展示。用户可设定坐标轴的数据范围，以便数据可视化展现形态更为美观。

（5）对于地理图等报表类型，用户可以按照待展示的数据效果，灵活定制数据项标签、数据项形状等内容。

（6）用户可通过移入、移出或点击等操作，对报表发出指令，实现调整展示元素、变更展示信息等意图。用户可通过点击报表中的数据项标签，隐藏或显示该数据项的图形；用户可点击报表中各数据项形状，不同类型的报表显示对应的数值标签。如饼状图点击某一块数据时，显示这个分项的数值和占比等内容，折线图点击时展示对应刻度的值。

（7）用户可定义页面多种组件组合展示的布局形式，包括绝对布局、表格布局等多种布局方式，并可以在每个局部指定待展示的组件类型，最终形成多个组件的组合展示，形成综合分析看板的展示方式。

（8）组件之间的联动分析是指点击某个组件，相关联的组件自动触发数据加载效果，即点击父图表中的系列，所有子图表联动变化。图表联动只刷新待更新的组件，不能重新刷新整体页面。

（9）用户可以设定一个组件和多个组件进行联动分析，待分析的数据项之间关联逻辑，也可以设置多个层次的父子关系组件之间联动。

8.3.3.8 百万级数据前端展示

1．业务子项描述

支持展现百万级的数据量，并且能够进行流畅的缩放平移等交互。

2．工作要求

可支持百万级别数据量的报表展现，能够达到性能要求，并且能够对展现后的报表进行流畅的缩放平移等交互，确保用户使用体验。

3．工作内容

（1）报表服务功能可支持百万级别的数据展现，具体的性能要求如下：

50 万行 5 列数据，即 250 万格子，响应时间为 5s 之内；100 万行，5 列数据，即 500 万格子，响应时间为 10s 之内。

（2）支持不同分辨率的屏幕的适应性，对报表页面进行缩放以达到最佳效果，同时在手机端，决策报表会依据组件顺序转化为流式布局自适应显示。用户也可以通过组件放大来分析单个组件，同时支持双指缩放来进行局部放大，以便更清楚地查看一些细节数据。

8.3.3.9 深度交互式数据探索

1．业务子项描述

良好的交互分析体验，可以帮助用户更好地阅读报表，发现数据价值。包括图表钻取、图表联动、多维度分析等也是交互分析的一部分。报表应支持以上深度交互式的数据探索功能。

2．工作要求

（1）支持联动功能。在同一个报表内，一个区域的数据发生变化，另外其他区域的数据也发生变化。

（2）支持钻取功能。钻取是改变维的层次，变换分析的粒度。它包括向上钻取和向下钻取。

（3）支持多维度分析。多维度数据分析是一种综合应用，是通过决策报表、图表、参数查询、钻取、联动等多个功能来实现的。

3．工作内容

（1）支持联动的区域（元素块）自定义，可以两个元素联动，也可以多个元素联动。联动包括两种类型：①图表联动，图形和数据表格展示数据一致。②数据联动，指点击表格，数据变化，图表的数据也发生变化的形式。

（2）可实现向上钻取功能，能够在某一维上将低层次的细节数据概括到高层次的汇总数据，自动生成汇总行。可实现下钻取，能够将汇总数据深入到细节数据进行观察，通过钻取的功能，使用户对数据能更深入了解，更容易发现问题，做出正确的决策。

（3）报表支持通过图表、钻取、联动等多个功能的组合来实现多维度的数据分析。

（4）提供良好的移动端使用体验，对各控件、参数查询进行移动化处理，提供一些移动端功能如翻页、收藏、批注分享、扫描条形码以及调用摄像头拍照上传文件等。

8.4 公 式 服 务

8.4.1　业务项描述

电力交易业务中存在大量的公式计算需求，如结算计算、电力电量平衡计算、计划编制计算等。为提高交易平台的灵活性与稳定性，需要通过公式服务来简化电力交易平台各类计算公式的维护工作，避免因更新业务计算公式而影响电力交易业务。

公式服务通过公式配置界面对公式进行描述，梳理电力交易应用涉及的计算需求，并结合通用数学函数与常量进行封装。使用人员自由配置计算公式，经编译无误后，可自动转化为程序语句。并可通过计算公式的逻辑展示界面了解各业务的详细计算过程。

公式服务作为一个单独的软件程序，在使用人员和计算程序代码之间提供直接的通信，简化各类计算公式的编辑难度。同时作为底层平台的通用服务，可复用于多个业务模块，应用于各个业务场景。

8.4.2　业务项流程

公式服务流程如图 8-5 所示。

8.4.3　业务子项

8.4.3.1　公式配置服务

1. 业务子项描述

对于已配置好的计算公式，可通过公式编辑服务提供的界面进行编辑与维护。公式编辑服务将变量、算术运算、逻辑运算、循环结构、条件语句等抽象为模块。模块具备查看变量所处数据表和字段信息等应用，并支持自行定义与修改。公式编辑服务支持通过对模块的拖拽与拼接描述公式内容。公式的编辑界面与程序段可相互转换。

2. 工作要求

公式编辑服务应满足以下工作要求：

（1）公式编辑服务应包含电力交易应用业务所需要的运算与逻辑结构，可满足业务中需要计算的场景。

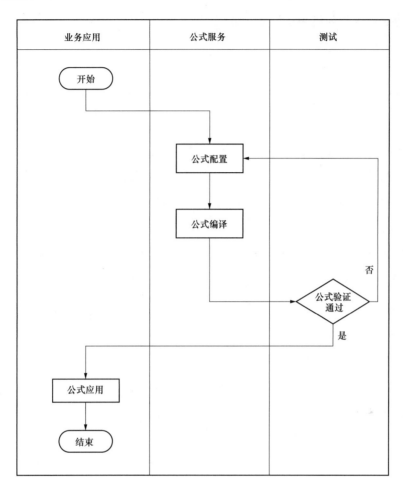

图 8-5　公式服务流程

（2）支持点击、复制、输入等多种方式进行公式编辑。

（3）支持对配置后的公式自动进行数学和逻辑检查，若有错误则给出提示信息，同时拒绝保存或提交。

（4）公式编辑服务中的模块应支持自定义，如变量模块可修改数据所在的表或字段。

（5）支持导入前期保存的公式模板，并在此基础上进行编辑和修改。

3．关联

公式编译服务在公式提交时，关联公式内容；告警服务在逻辑检查未通过时，关联检查未通过标记和未通过检查的相关内容项。

4．工作内容

（1）通过对模块进行配置与拼接来描述公式内容。

（2）变量可修改数据所在的表或字段。

（3）自动进行数学和逻辑检查。

8.4.3.2　公式编译服务

1．业务子项描述

提供已经过数学和逻辑检查公式的编译，同时具备逻辑关系展示等功能。

2．工作要求

（1）进行编译的公式应是经过数学和逻辑检查的公式。

（2）公式编译若有错误则给出提示信息，同时支持断点测试。

（3）经过测试后的公式立即生效，无须重启系统。

3．关联

公式配置服务公式提交时，关联公式内容；公式应用通过系统测试须关联编译后的公式；告警服务在逻辑检查未通过时，关联检查未通过标记和未通过检查的相关内容项。

4．工作内容

（1）对已通过数学、逻辑检查的公式进行编译。

（2）在配置界面上对照查看配置公式与程序代码。

（3）系统测试编译后公式，测试无误后应用公式。

8.5　并行计算服务

8.5.1　业务项描述

与公式计算服务配合使用，当计算数据量较大、计算性能下降时，通过并行计算技术，提高计算性能。

8.5.2　业务子项

8.5.2.1　并行计算公式配置

1．业务子项描述

针对需要并行计算的公式进行配置，并配置数据源。

2．工作要求

可正常配置计算公式。

3．关联

并行计算数据加载。

8.5.2.2 并行计算数据加载

1．业务子项描述

按照配置约束，执行配置信息加载任务，处理数据加载异常信息。

2．工作要求

执行并行计算配置时正常加载，数据异常时能够正常处理。

3．关联

并行计算公式配置。

8.5.2.3 分组并行计算

1．业务子项描述

对数据按数据计算类型进行分组，与公式计算服务配合使用，当计算数据量较大、计算性能下降时，通过并行计算技术，提高计算性能。

2．工作要求

对数据按计算类型分组，计算数据量较大、计算性能下降时，通过并行计算技术，提高计算性能。

3．关联

并行计算公式配置、并行计算数据加载。

8.6 人 机 界 面

8.6.1 业务项描述

随着交易系统服务范围的不断扩大，交易品种与交易业务大幅增加，应用展示场景不再固化，业务信息展示的角度与内容会根据业务的实际需求随时发生改变，对交易业务画面快速组态式生成方面的需求大大提高。这就要求人机界面针对交易业务特点提供更强的组态化、用户化能力，使用户能根据业务需求自主调整画面元素及关联的数据，满足日益增长及多变的业务展示与交互需求。

8.6.2 业务项流程

人机界面流程如图 8-6 所示。

8.6.3 业务子项

8.6.3.1 界面设计

1．业务子项描述

提供界面编辑器，用户可以根据业务需求自主设计界面，并能够进行数据关联，达到组态化页面设计的目的。

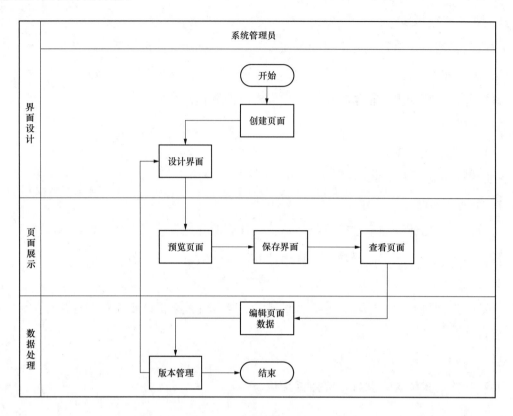

图 8-6　人机界面流程

2．工作要求

（1）提供界面管理功能。以目录的形式管理设计的界面，并能够实现界面的查询、增加、删除、编辑、导出、导入、转存历史版本等维护功能；提供历史版本管理功能，能够实现历史版本的查询、删除和对当前版本的覆盖等功能。

（2）提供界面编辑器。可在界面编辑器中进行界面的新建设计和编辑设计，可在界面编辑器中实时展现已保存的界面。

（3）提供常用展示控件的图元。如布局、静态文本、单行文本输入框、日期输入框、多行文本输入框、下拉框、单选框、复选框、列表、按钮、图片、图表、文件上传等。

（4）以拖拽方式完成页面布局的设计。用户通过拖拽控件图元的方式将各种控件摆放至页面中，并能够设置各个控件的属性，包括大小、对齐方式、边框、字体等。

（5）页面事件设置。可设置页面、按钮、各个控件的触发事件；能提供控件联动、数据保存、数据查询等基本触发事件；能够支持 JS 脚本的编写和控件事件的绑定。

（6）提供控件数据的校验设置。如非空、手机号码、邮箱等，并可以支持编写正则表达式进行灵活的校验。

（7）定义界面交互的数据集。参数定义：定义用户信息等内置参数和界面接收的参数。数据库数据集：通过 SQL 语句或者数据库模型关系进行数据集的定义。接口服务数据集：按照数据规范，与服务接口进行数据交互的数据集。

（8）数据绑定功能。提供数据与界面控件进行绑定的功能，用于数据的展示和保存。

3．工作内容

（1）提供界面管理功能。以目录树的形式管理设计的界面，点击目录树中的目录，显示当前目录下的所有界面，并以列表的形式展现。

界面列表页面实现界面的查询功能，可通过界面名称、创建日期进行界面的查询，并在界面列表中正确显示。

界面列表页面包含查询、新增、复制、删除、编辑、设计、导出、导入、转存历史等按钮。

点击新增按钮，填写界面名称后打开界面设计器进行界面的设计。

点击复制按钮，填写界面名称后完成对列表中选择界面的复制。

点击删除按钮，可删除列表中选择的界面。

点击编辑按钮，可修改列表中选择界面的界面名称信息。

点击导出按钮，可将界面列表中选中的界面导出为界面文件。

点击导入按钮，选择界面文件后将界面导入。

点击转存历史按钮，将界面列表中选中的界面转存为历史界面。

（2）提供界面编辑器。界面设计器支持新建打开和编辑打开界面，应包含保存、预览、清空等按钮，包含控件图元区域、数据集编辑区域、界面设计区域、控件属性维护区域等。

新建打开设计界面时，打开空白的界面编辑页面。

编辑打开设计界面时，打开对应界面的编辑页面，能够加载此界面已维护的所有信息，包括页面布局、控件、数据集、事件等。

点击保存按钮，能够保存当前编辑界面的界面信息。

点击预览按钮，能够预览单前编辑界面的实际展示效果。

点击清空按钮，清除界面编辑区域内的所有控件。

控件图元区域，包含界面设计时所需要的所有控件图元。包括布局、静态文本、单行文本输入框、日期输入框、多行文本输入框、下拉框、单选框、复选框、列表、按钮、图片、文件上传等图元。

数据集编辑区域，可维护当前界面进行数据交互时所需要的数据集。

界面设计区域，可在此区域进行界面的拖拽式、动态组装式的界面设计。

控件属性维护区域，展示了页面以及在界面设计区域选中控件的属性，并可进行维护。

（3）提供常用展示控件的图元。

布局控件：将界面进行横向分割成多部分，其他表单控件在布局控件中进行展示，支持单列、双列、三列、四列、自定义列等布局。

静态文本：在界面中以不可修改的静态文本形式展示，提供控件 ID、控件名称、显示文本、文本字体、颜色、对齐方式、宽度、是否显示等属性的设置。

单行文本输入框：在界面中以单行文本输入框形式展示，提供控件 ID、控件名称、标题、默认显示内容、宽度、最大长度、是否显示、是否只读、数据校验、数据集绑定、触发事件等属性的设置。

多行文本输入框：在界面中以多行文本输入框形式展示，提供控件 ID、控件名称、标题、默认显示内容、宽度、最大长度、是否显示、是否只读、数据校验、数据集绑定、触发事件等属性的设置。

日期输入框：在界面中以日期输入框形式展示，提供控件 ID、控件名称、标题、默认显示内容、宽度、是否显示、是否只读、日期时间格式、日期范围、数据校验、数据集绑定、触发事件等属性的设置。

下拉框：在界面中以下拉框形式展示，提供控件 ID、控件名称、标题、默认显示内容、宽度、是否显示、是否只读、下拉框数据来源、联动设置、数据校验、数据集绑定、触发事件等属性的设置。

单选框：在界面中以单选框形式展示，提供控件 ID、控件名称、标题、默认显示内容、宽度、是否显示、是否只读、单选框数据来源、数据校验、数据集绑定、触发事件等属性的设置。

复选框：在界面中以复选框形式展示，提供控件 ID、控件名称、标题、默认显示内容、宽度、是否显示、是否只读、复选框数据来源、数据校验、数据集绑定、触发事件等属性的设置。

列表：在界面中以列表形式展示，提供控件 ID、控件名称、宽度、是否显示、列设置、列表数据来源、数据集绑定、触发事件等属性的设置。

按钮：在界面中以按钮形式展示，提供控件 ID、控件名称、显示内容、宽度、是否显示、触发事件等属性的设置。

图片：在界面中以图片形式展示，提供控件 ID、控件名称、显示图片、高度、宽度、是否显示、触发事件等属性的设置。

文件上传：在界面中以文件上传控件形式展示，提供控件 ID、控件名称、标题、宽度、是否显示、是否只读、数据校验、数据集绑定、触发事件等属性的设置。

（4）以拖拽方式完成页面布局的设计。以鼠标拖拽控件图元的方式将各种控件摆放至页面中。能够设置各个控件的属性，包括大小、对齐方式、边框、字体等。

（5）页面事件设置。可以设置页面、按钮、各个控件的触发事件。能提供控件联动、数据保存、数据查询等基本触发事件。能够支持 JS 脚本的编写和控件事件的绑定。

（6）控件数据的校验设置。可以设置控件内容数据的合法性，如非空、手机号码、邮箱等，并可以支持编写正则表达式进行灵活的校验。

（7）定义界面交互的数据集。参数定义：定义界面接收的参数；提供用户信息、页码等内置参数。数据库数据集：通过 SQL 语句或者数据库模型关系进行数据集的定义。接口服务数据集：按照数据规范，与服务接口进行数据交互的数据集。

（8）数据绑定功能。提供数据集中的数据与界面控件进行绑定的功能，用于数据的展示和保存。

8.6.3.2　页面展示

1．业务子项描述

能够按照界面编辑器中设计的界面将页面布局和控件进行展示，并能够根据绑定的数据集进行数据的交互，同时页面、控件绑定的事件能够正常触发。

2．工作要求

（1）页面布局和控件展示。

（2）页面数据展示。

（3）页面交互。

（4）系统集成。

3．关联

页面展示时，按照界面设计的效果进行展示。

4．工作内容

（1）页面布局和控件展示。可以按照界面编辑器中设计的界面进行展示，包括控件、布局、样式等。

（2）页面数据展示。根据绑定的数据集，能够将数据正确地在各控件中进行展示。

（3）页面交互。页面、控件绑定的相关事件能够正常触发；控件联动、数据保存、数据查询等基本事件能够触发；编写的 JS 脚本能够执行触发。

（4）系统集成。提供各个界面的访问页面，能够将各个展示界面集成到各业务模块中。

8.6.3.3 数据处理

1．业务子项描述

能够将展示的页面进行数据关联，包括数据的展示和更新，并能够对界面填写的数据进行校验，提供数据交互的接口规范。

2．工作要求

（1）界面数据关联。

（2）数据校验。

（3）数据接口规范。

3．工作内容

（1）数据关联。按照绑定的数据集进行空间与数据的关联，能够进行数据的展示和更新操作。

（2）数据校验。可根据控件的校验设置进行用户输入数据合法性的校验，包括非空、身份证号码、手机号码、邮箱等基础格式，以及正则表达式的自定义校验格式。

（3）数据接口规范。开放数据交互接口，并提供数据交互的接口规范，支持通过数据处理接口进行数据的交互。

8.7 告 警 服 务

8.7.1 业务项描述

电力交易平台在实际运行过程中需要对系统平台和业务应用的一些异常运行情况及时进行记录或对用户进行告警，以快速发现定位应用问题，及时排除故障，提升系统的稳定性。告警服务接收到告警请求后，根据接收到的告警类型发出报警行为，如短信、邮件，并能根据设定的预案处理。

8.7.2 业务项流程

告警服务流程如图 8-7 所示。

8.7.3 业务子项

8.7.3.1 告警接口服务功能

1．业务子项描述

通过传入告警行为参数和告警信息，进行告警服务调用。告警服务根据告警行为参数与告警信息发出相应的告警行为。

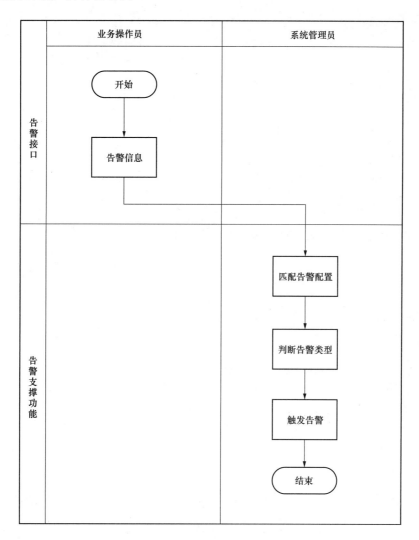

图 8-7　告警服务流程

2．工作要求

告警接口服务通过传入的告警行为参数与告警信息触发告警行为，为保证告警服务的有效性，需对告警服务接口进行监控与告警，因此应采用冗余的告警接口服务配置。

3．关联

服务出现异常，调用告警服务接口时，须关联告警行为参数和告警信息。

4．工作内容

（1）对告警服务接口与告警行为参数、处理预案进行维护。

（2）定时检查告警服务状态。

8.7.3.2　告警联系人

1．业务子项描述

产生告警行为后，可以通过发送短信、邮件的方式通知联系人。

2．工作要求

所有报警信息能够及时通知到联系人。

3．关联

告警配置。

8.7.3.3　告警配置

1．业务子项描述

将告警服务配置的告警策略规则和接收的告警信息进行逐一匹配逻辑运算，判断是否要发生告警。

2．工作要求

告警规则、告警方式等信息可以正常配置。

3．关联

告警联系人、调用告警服务的业务数据。

8.8　文　件　服　务

8.8.1　业务项描述

文件服务面向新一代电力市场服务框架提供文件上传、下载、管理等功能，实现文件共享和隔离。它既改善了系统的性能，提高了数据的可用性，又减少了管理的复杂程度。在交易平台中流转的文件，支持添加水印，以保证文档的安全性，防止文档被盗用。

8.8.2　业务项流程

文件服务流程如图 8-8 所示。

8.8.3　业务子项

8.8.3.1　文件上传

1．业务子项描述

满足网络上对存储介质写入文件的请求。支持电力交易、合同、结算、市场成员等业务中的各类文件上传需求，包括图片、文本、音频、视频等文件格式。支持大文件上传和存储（至少支持 50MB 以上的文件）。

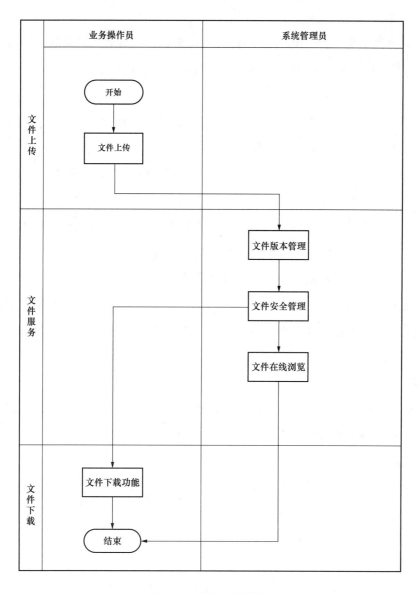

图 8-8　文件服务流程

2．工作要求

（1）提供单个文件、批量文件上传功能。

（2）系统具备文件保密性控制功能，保护核心文档。

（3）提供上传文件预览功能。

（4）支持对多种格式文件的上传。

3．关联

各个业务涉及文件上传的，都会与文件上传关联。

4．工作内容

（1）系统提供单个文件上传功能，具有系统管理员权限的用户可对文件进行上传操作，非管理员权限的普通用户可以在个人区文档文件夹内进行上传文件操作。

（2）电力交易平台业务，通常需要进行大批量的文件上传操作，针对用户的这种需求，系统需提供简易高效的批量上传功能。系统支持在批量上传过程中自动显示上传进度，用户在上传过程中可进行取消操作。

（3）支持包括图片、文本、音频、视频等多种文件格式的上传需求。并支持大文件上传和存储（至少支持 50MB 以上的文件）。

（4）支持上传数据加密，在文件上传过程中根据用户需要选择是否对文件进行保密操作。文件设置保密后，一般用户将无权进行查看，以保证文件的安全性。只有文件夹的管理人、具有查看保密内容权限的角色才可以看到相应的文档。

（5）支持上传文件预览功能，相应上传的文件可以在文件预览窗口进行预览，并可以进行分页预览，设置根据文件的类型进行筛选，以及改名、删除和搜索操作。

8.8.3.2　下载功能

1．业务子项描述

满足网络上对存储介质读取文件的请求。支持电力交易、合同、结算、市场成员等业务中的各类文件下载需求，包括图片、文本、音频、视频等文件格式。

2．工作要求

（1）提供单个文件、批量文件的下载功能。

（2）支持多种文件格式的下载。

（3）支持下载文件预览功能。

3．关联

各个业务涉及文件下载的，都会与下载功能关联。

4．工作内容

（1）系统支持单个文件下载功能，可通过输入关键词的方式快速查询相关文件，并提供批量文件的一键下载功能。

（2）对文件的下载权限进行管理，可针对部门、岗位等进行权限设置，授权后即获得相应上传和下载权限。

（3）支持下载文件预览功能，需要下载的文件可以在文件预览窗口进行预览，并可以进行分页预览，支持下载文件的重命名。

8.8.3.3 文件版本管理

1．业务子项描述

上传文件通过版本管理功能实现对同文件的不同版本进行存储。支持用户覆盖历史版本或选择下载历史版本等操作，需要对文件修订具有版本跟踪、管理、恢复的功能。

2．工作要求

（1）提供文件版本历史管理功能，管理文件的整个生命周期。

（2）提供版本说明功能，对历史版本可进行文字说明。

（3）提供版本跟踪、管理、恢复的文件修订功能。

3．工作内容

（1）文件的版本包括当前版本和历史版本。当前版本是用户当前的工作版本，可以自由进行修改，用于文件需要进行频繁修改阶段，此时文件处于不稳定的编辑状态。而历史版本是已经处于稳定状态的文件版本，历史版本不能进行修改，可以供用户进行下载查看。

（2）系统支持版本版次维护功能，版本标示文件大的变化，版次标示文件小的变化，版本版次的作用是对历史版本进行标识。版本版次由系统自动生成，用户也可以手动进行调整。

（3）通过上传新版本，将当前的版本切换到历史版本。系统自动推荐一个版本版次，用户也可以手动进行调整。

（4）系统提供获取历史版本功能。至少保留 20 个文件版本，以便于用户查看历史版本并进行恢复。帮助用户在文档多版本中查找到历史版本，以免造成文件丢失。

（5）系统支持版本差异比较功能。所有可以在线预览的文件，均可支持在线版本差异比较。用户可在文件的多个版本中选择两个版本进行比较，版本比较的结果会自动显示，包括两个版本中有增加的文字和删除的文字都会采取颜色对比形式进行显示。

（6）系统支持删除历史版本功能。对于用户来说，文件版本繁多，有些历史版本需要进行删除，否则会经常出现使用错误版本的现象。文件管理系统提供版本删除功能，用户可方便快捷地将不需要的历史版本进行删除。

8.8.3.4 文件共享功能

1．业务子项描述

满足不同应用对同一文件的读取和写入需求，保证文件的共享使用。

2．工作要求

（1）各部门的文件夹只允许本部分员工有权访问，各部门之间交流性质的文件放到共享文件夹中。

（2）共享文件夹中分为存放工具的文件夹和存放各部门共享文件的文件夹。

（3）每个部门都有一个管理本部门文件夹的管理员账号和若干个只能新建和查看文件的普通用户权限的账号。

3．关联

各个业务涉及文件共享的，都会与文件共享功能关联。

4．工作内容

（1）对于各部门自己的文件夹，各部门管理员具有完全控制权限，而各部门普通用户可以在该部门文件夹下新建文件及文件夹，并且对于自己新建的文件及文件夹具有完全控制权限，对于管理员新建及上传的文件和文件夹只能访问，不能更改和删除。不是本部门用户不能访问本部门文件夹。

（2）对于公用文件夹中的各部门共享文件夹，各部门管理员具有完全控制权限，而各部门普通用户可以在该部门文件夹下新建文件及文件夹，并且对于自己新建的文件及文件夹具有完全控制权限，对于管理员新建及上传的文件和文件夹只能访问，不能更改和删除。本部门用户（包括管理员和普通用户）在访问其他部门共享文件夹时，只能查看不能修改、删除、新建。对于存放工具的文件夹，只有管理员有完全控制权限，其他用户只能访问。

（3）添加共享文件后，支持选择用户与权限进行共享，并提供取消共享文件功能。

（4）文件在共享阅读时，可以按部门和用户设定不同的限制，如下载、复制、打印等操作。

8.8.3.5　文件在线预览

1．业务子项描述

支持文件在线预览功能，用户通过用户名密码访问该用户的文件路径系统。通过选择不同路径展示该路径下的文件历史版本。支持用户对文件的路径转移，文件名修改。

2．工作要求

（1）支持在多种浏览器上进行文件的在线预览。

（2）提供文件在不同平台的自适应显示，支持文件的放大、缩小等操作。

支持音频、视频等流媒体的在线播放。

3．关联

各个业务涉及文件预览的，都会与文件在线预览关联。

4．工作内容

（1）文件在线预览界面采用标准的 HTML/CSS/Javascript 开发，不需安装任何特殊插件，可在 IE 8 及以上、Firefox、Chrom、Opera 等浏览器中流畅使用，支持移动端的访问。

（2）系统支持 Office 文件、TXT、PDF 等常见文档转换为 HTML 格式，直接在网页上进行预览，用户无须安装任何桌面软件，便可查看文档内容。

（3）对于重要性高，需要高度保密的文件进行加密处理，只有授权用户才能预览。

（4）提供自适应逻辑，提供不同的放大、缩小展示，支持横向自适应、双向自适应等，支持在 PC、平板、手机、大屏等多类终端设备上智能自适应展示。

（5）系统支持各种流媒体格式，只需安装浏览器 Flash 插件，便可支持对音频、视频流媒体文件的在线播放。采用标准的 HTTP1.1 文件传输协议中的 range 数据传输控制命令，来实现按需的数据传输，实现实时播放。

8.8.3.6　文件安全管理

1．业务子项描述

任何一个文件都有一定的使用范围和不同用户的使用权限，对此，文件权限管理功能根据用户的不同等级、所属部门进行严格的权限划分，保证文件在使用过程中的安全。

2．工作要求

（1）支持委托管理、成组授权、权限继承、负授权操作，明确用户权限。设置多层多级别查看人权限。

（2）提供文件使用痕迹安全监视功能，记录用户对所有文件的操作历史。

（3）支持回收站方式的安全删除。

3．工作内容

（1）系统支持授权委托管理，可单独针对各个文件夹，指定业务人员在该文件夹下拥有全部管理权限，可实现权限委托管理，减轻系统管理员的负担，增强系统的可管理性。

（2）系统提供权限继承机制，保证用户在拥有父文件夹管理权限的同时，也将拥有所有子文件夹的管理权限。

（3）系统提供承租授权功能，可针对某个部门、某个岗位进行授权。在权限操作中按群组进行权限设置即可，大大减轻管理的负担，也可做到控制文档的安全。

（4）系统支持"负授权"，也就是可以禁止某个人的权限。

（5）系统支持多层多级别查看人角色权限，不同级别查看人拥有不同的权限，具有文档预览、添加、编辑、移动、复制、下载等不同权限。

（6）记录每个用户对文件的任何操作，包括文件的创建、下载、打印、订阅、外发、权限变更、删除等。一般用户仅可以查看自己的操作历史，系统管理人可以查看系统人员的所有操作历史，一旦出现安全事故，系统管理员可进行追查，追溯问题源头，追究事故责任人。

（7）系统支持回收站功能，可实现对文件的安全删除，从回收站可恢复删除的数据。

回收站实际上是文件系统的一个文件夹，所有文件删除后，转移在这里。系统定期自动对这里的数据进行清理。

8.9　电子签章服务

8.9.1　业务项描述

新一代电力交易平台需要保障数据电文的真实有效和法律效力，尤其是在合同签订等环节，需要电子防抵赖的手段，因此平台需要集成电子签章能力，并为业务功能提供电子签章服务。

8.9.2　业务项流程

电子签章服务流程如图 8-9 所示。

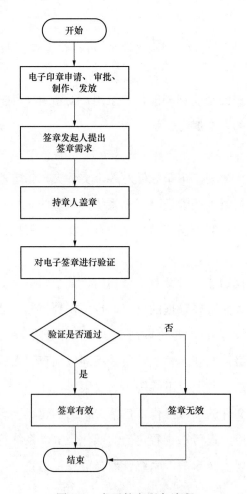

图 8-9　电子签章服务流程

8.9.2.1　电子印章管理功能

1．业务子项描述

对系统中的电子印章进行管理，包括电子印章的申请、审批、发放流程管理，用户对本单位电子印章的新增、删除、修改等操作。

2．工作要求

（1）系统提供电子印章申请的功能，管理员进行审批，制作完成后发放电子印章。

（2）系统对电子印章进行全程监控，监督从电子印章制作和发放的管理及更新的整个流程。

（3）市场成员可以选择是否需要电子印章。

（4）可以为交易中心提供多个印章。

3．工作内容

（1）电子印章管理平台提供电子印章申请的功能，用户可以通过客户端向管理平台发出印章申请，并提供相关资料，待管理员批准后，制作电子印章，并发放制作完成的电子印章。

（2）电子印章需采用电子认证服务机构颁发的数字证书，并经公安部门特种行业许可的印章制作企业生产制作而成。

（3）电子印章证书、印章、私钥等信息数据制作于 USBKey 中，确保电子签名制作数据用于电子签名时，属电子签名人专有和由电子签名人控制，符合法律规定的可靠的电子签名要求。

8.9.2.2　签章功能

1．业务子项描述

本系统电子签章服务采用数字证书，运用电子印章技术和电子签名技术，加盖在文档上的电子签章中，嵌入了所签文档的数字签名信息，从而保证文档的真实性、唯一性、来源确认性和不可否认性及印章本身的不可复制性。

2．工作要求

（1）支持在多种文本格式中实现签章应用。

（2）提供单个文件和批量文件的签章功能。

（3）提供文件的审批批注功能。

（4）提供预览签章功能，对文件进行预览签章操作。

（5）使用电子印章和电子签名全过程需具有时间认证。

3．业务流程

签章功能流程如图 8-10 所示。

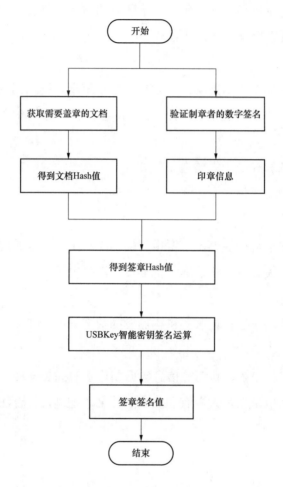

图 8-10   签章功能流程

4．关联

交易单、结算单需通过签章功能进行电子签章。

5．工作内容

（1）系统支持 WORD、EXCEL、PDF、Web 页面及自定义文件等多种文本格式的签章应用，签章客户端需通过稳定性及兼容性测试认证，可直接在 Office 相关应用中添加签章插件，简化签章操作。

（2）系统支持印章移动和锁定的设置。在通常情况下，盖章后可直接通过鼠标拖动印章到任意位置，确定位置后，印章禁止移动。通过设置，盖章后的文档也可以不锁定。

（3）系统除了可以进行单个文件签章之外，还应支持批量文件的签章。可通过关键词搜索的方式在批量文件中检索需要特定持章人进行签章的文件，提供选定批量文件一键签章的功能。

（4）系统支持对 Office 文档"先审批，后盖章"的功能。审批功能是用于公文审核，只有通过审核的公文，才能进行印章处理。此外，系统还提供文字批注和手写批注的功能。

（5）提供哈希值运算功能，签章前获取文件的哈希值，签章时通过 USBKey 中的私钥，将文件哈希值和印章信息绑定，确保盖章文件不被修改。

（6）系统为签章和电子签名全过程提供时间认证功能，如数据电文转换时间、签章和电子签名时间、增加背书时间、数据电文发送时间、数据电文收讫时间、数据电文打印时间等，都将由安全电子印章服务平台提供标准时间认证服务。

8.10　数 据 校 验 服 务

8.10.1　业务项描述

电力交易平台建立数据校验服务，以技术手段对平台中所有人工录入数据、系统交互数据进行自动质量校验，阻止错误数据进入业务处理系统的下个环节，保证系统信息的正确性和可信赖性，以保障各类注册、交易、结算、发布等业务的正常开展。

对于人工录入数据，数据校验服务设置于用户侧，以减轻服务侧压力。校验类型包括数据完整性校验、数据一致性校验和数据有效性校验 3 类。校验方式为根据预配规则，系统自动校验，校验不通过则向人机交互界面推送告警信息。

对于系统交互数据，数据校验服务设置于数据接收处。校验类型包括数据及时性校验、数据完整性校验和数据一致性校验 3 类。校验方式为根据预配规则，系统自动校验，校验不通过则对外推送告警信息。

8.10.2　业务项流程

（1）人工录入数据校验服务流程如图 8-11 所示。

（2）系统交互数据校验服务流程如图 8-12 所示。

8.10.3　业务子项

8.10.3.1　数据完整性配置

1. 业务子项描述

通过灵活地配置选项，允许管理员定义哪些字段不能为空，以确保数据记录的完整性。

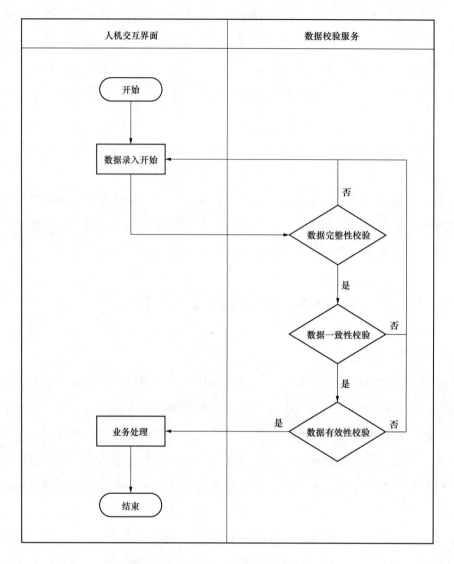

图 8-11　人工录入数据校验服务流程

2．工作要求

可对字段不能为空进行配置。

3．关联

关联数据完整性校验服务，关联横纵向交互数据。

8.10.3.2　数据一致性配置

1．业务子项描述

数据一致性支持跨多个表进行字段的一致性校验配置,确保关联表之间的数据一致性,防止出现冗余、错误或不匹配的数据。

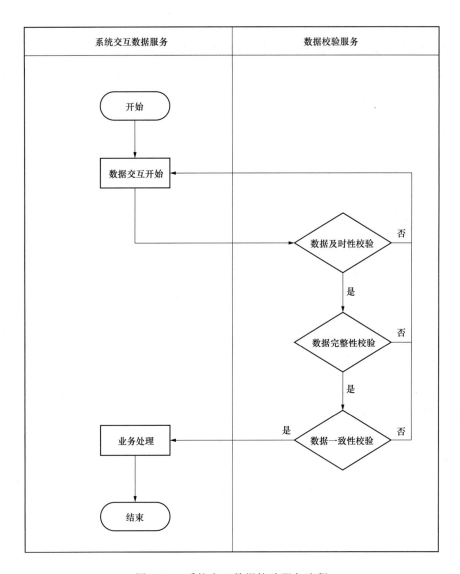

图 8-12　系统交互数据校验服务流程

2．工作要求

可以对表与表字段间的关联关系进行配置。

3．关联

关联数据一致性校验服务，关联横纵向交互数据。

8.10.3.3　数据有效性配置

1．业务子项描述

数据有效性配置提供多种设置选项，包括字段的数据类型、数据格式（支持正则表达式）和取值范围，以确保数据的正确性。

2．工作要求

可以对字段数据类型、数据格式、取值范围进行配置。

3．关联

关联数据有效性校验服务，关联横纵向交互数据。

8.10.3.4　数据及时性配置

1．业务子项描述

数据及时性配置可以配置预设的阈值，判断数据记录的时间是否符合要求，确保数据的及时性。

2．工作要求

可配置时间阈值。

3．关联

关联数据及时性校验服务，关联横纵向交互数据。

8.10.3.5　数据完整性校验服务

1．业务子项描述

根据市场规则及业务要求，配置人工录入数据、系统横纵向交互数据的完整性校验条件（数据非空条件或其他与规则业务相关的完整性条件），系统自动进行完整性校验。

人工录入数据若未满足完整性校验要求，即时对外推送告警信息，并标记未满足完整性校验要求的数据项，停止数据的保存或提交动作。

系统交互数据若未满足完整性校验要求，即时对外推送告警信息，并标记未满足完整性校验要求的数据项。在配置系统交互数据的及时性校验规则时，允许个别数据未通过校验而继续进行下一业务环节。

2．工作要求

经人机交互界面录入的全部数据，经系统交互数据服务而接收的全部数据，均需配置数据完成性校验服务。校验规则包括但不限于：

（1）数据非空（默认）。

（2）必填项未填写相关内容（默认）。

（3）其他因市场规则或业务要求而设定的数据完整性校验规则。

（4）校验规则配置无须系统停机。

（5）校验规则配置后即刻生效，无须系统重启。

3．关联

关联数据完整性配置，进行完整性条件配置；数据及时性校验通过，关联横、纵向数据；数据一致性校验通过，关联横、纵向数据和人工录入数据；数据完整性校验未通过，告警服务关联完整性校验未通过标记和未通过及时性校验的数据项。

4．工作内容

（1）对人工录入数据和系统横、纵向交互数据分别设置的完整性校验条件。

（2）设定数据非空为默认完整性校验条件。另可根据实际业务需要分别对不同输入数据的完整性校验条件进行维护。

（3）根据数据完整性校验条件对数据自动进行完整性校验，对不完整的数据进行标记与告警，并可对送方系统或在人机交互界面进行提示。

8.10.3.6 数据一致性校验服务

1．业务子项描述

根据市场规则及业务要求，配置人工录入数据、系统横纵向交互数据的一致性校验条件（同一数据录入界面或同一交互数据表之间的一致性逻辑条件），系统自动进行一致性校验。

人工录入数据若未满足一致性校验要求，即时对外推送告警信息，并标记未满足一致性校验要求的数据项，停止数据的保存或提交动作。

系统交互数据若未满足一致性校验要求，即时对外推送告警信息，并标记未满足一致性校验要求的数据项。在配置系统交互数据的一致性校验规则时，允许个别数据未通过校验而继续进行下一业务环节。

2．工作要求

经人机交互界面录入的数据，经系统交互数据服务而接收的数据，根据需求配置数据一致性校验服务。校验规则包括但不限于：

（1）多个数据的组合一致性。

（2）因市场规则或业务要求而设定的数据一致性校验规则。

（3）校验规则配置无须系统停机。

（4）校验规则配置后即刻生效，无须系统重启。

3．关联

关联数据一致性配置，进行一致性条件配置；数据完整性校验通过，关联人工录入数据、横纵向交互数据；数据一致性校验通过，关联人工录入数据；各类业务操作，关联横纵向交互数据；数据一致性校验未通过，告警服务关联一致性校验未通过标记和未通过及时性校验的数据项。

4．工作内容

（1）对人工录入数据和系统横、纵向交互数据分别设置数据一致性校验条件。

（2）根据实际业务需要分别对部分输入数据的一致性校验条件进行维护。

（3）根据数据一致性校验条件对数据自动进行一致性校验，对不一致的数据进行标记与告警，并可对送方系统或在人机交互界面进行提示。

8.10.3.7　数据有效性校验服务

1．业务子项描述

根据市场规则及业务要求，配置人工录入数据的正确性校验条件（数据类型的正确性和数据范围的正确性），系统自动进行正确性校验。

人工录入数据若未满足一致性校验要求，即时对外推送告警信息，并标记未满足正确性校验要求的数据项，停止数据的保存或提交动作。

2．工作要求

经人机交互界面录入的数据，根据需求配置数据有效性校验服务。校验规则包括但不限于：

（1）数据类型与设定类型不符。

（2）数值类数据越限。

（3）数据与时限设定的计算规则/逻辑条件不一致。

（4）其他因市场规则或业务要求而设定的数据有效性校验规则。

（5）校验规则配置无须系统停机。

（6）校验规则配置后即刻生效，无须系统重启。

3．关联

关联数据有效性配置，进行正确性条件配置；数据一致性校验通过，关联人工录入数据；数据有效性校验未通过，告警服务关联正确性校验未通过标记和未通过及时性校验的数据项。

4．工作内容

（1）在人工录入数据界面设置数据有效性校验条件。

（2）根据实际业务需要分别对输入数据的正确性校验条件进行维护。

（3）根据数据有效性校验条件对数据自动进行正确性校验，对不正确的数据进行标记与告警，并可在人机交互界面进行提示。

8.10.3.8　数据及时性校验服务

1．业务子项描述

根据市场规则及业务要求，配置横、纵向系统交互数据的传输时间节点与传输最大延迟时间。对系统交互数据服务中接收到的数据自动根据以上配置规则进行及时性校验。若有系统交互数据未及时送达，即时对外推送告警信息，并标记未及时送达的数据项。

及时性校验规则配置时，允许个别数据未通过校验而继续进行下一业务环节。

2．工作要求

经系统交互数据服务而接收的全部横、纵向交互数据，均需配置数据及时性校验服务（具体数据项见横、纵向数据交互业务项）。校验规则包括但不限于：

（1）数据接收时间（按需配置）。

（2）数据接收延迟时间（按需配置）。

（3）其他因市场规则或业务要求而设定的数据及时性交互规则。

（4）校验规则配置无须系统停机。

（5）校验规则配置后即刻生效，无须系统重启。

3．关联

关联数据及时性配置，进行及时性条件配置；交互数据及时性校验通过，关联横、纵向交互数据；数据及时性校验未通过，告警服务关联及时性校验未通过标记和未通过及时性校验的数据项。

4．工作内容

（1）设定涉及横向与纵向交互数据的数据传输时间节点与传输延迟最大时间间隔。可根据实际业务需要分别对不同交互数据的数据传输时间节点与传输延迟最大时间间隔进行维护。

（2）根据数据传输时间点及传输延迟最大时间间隔对数据自动进行及时性校验，对未及时收到的数据进行标记与告警，并可对送方系统进行提示。

（3）可配置其他因市场规则或业务要求而设定的数据及时性交互规则。

8.11 访问控制

8.11.1 业务项描述

如果来自同一来源的服务访问频率异常，导致服务的响应耗时大大增加，从而拖慢其他重要服务的访问，此时就可以为服务的访问数量设定一个阈值，当某一个来源的访问超过阈值后，直接拒绝访问或使之阻塞等待，以减少服务压力。

8.11.2　业务子项

8.11.2.1　限流控制

1．业务子项描述

当某一个来源的访问超过阈值后，直接拒绝访问或使之阻塞等待，以减少服务压力。

2．工作要求

可以对服务进行限流控制。

3．工作内容

服务限流。当服务访问数量超过设置的阈值时，直接拒绝访问或阻塞等待。

8.11.2.2　服务降级控制

1．业务子项描述

当服务的某一个接口访问出现异常后，为了整个调用链的进行，将不重要的接口设置默认值，当接口无法正常工作时返回该默认值，让整个调用链继续进行。

2．工作要求

可以对服务降级控制。

3．工作内容

服务降级，当服务接口无法正常工作时，返回默认值，让整个调用链继续进行。

8.12　数据处理服务

8.12.1　业务项描述

电力交易平台建立数据处理服务。对于存储在电力交易平台数据库中的各类市场业务数据，提供数据抽取与数据处理的功能，供电力交易平台各个模块使用，或提供给外部其他系统做查询分析使用，并支持数据的查询与导出。

8.12.2　业务项流程

（1）数据抽取流程如图 8-13 所示。

（2）数据处理流程如图 8-14 所示。

8.12.2.1　数据抽取

1．业务子项描述

数据抽取支持从数据库、文件、消息队列等多种数据源中抽取所需数据，并建立抽取数据的索引与对应关系。支持对抽取数据的查询与导出。数据抽取包括全量抽取和增量抽取，全量抽取即对数据库、文件、消息队列的全量抽取；增量抽取即对上次抽取后数据库中相应表中新增、修改、删除的数据进行抽取。

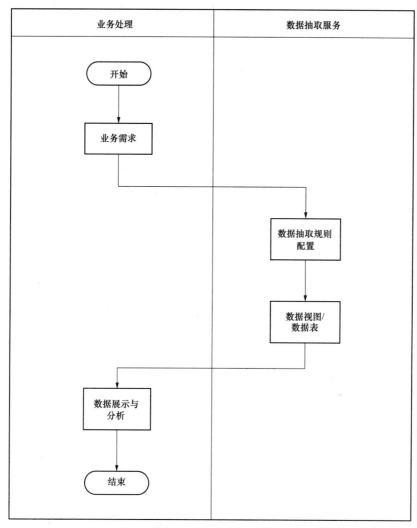

图 8-13　数据抽取流程

2．工作要求

（1）为尽量减少对业务系统的影响，提高业务的处理效率，数据抽取应遵循"避免数据失真"和"提升抽取效率"的原则，必要时采用 1:1 数据抽取，以扩大抽取数据的规模换取抽取时间的降低。

（2）数据抽取应注意相应权限，避免留下漏洞导致数据外泄。

（3）数据抽取结果仅用于展示和分析，不得在其上进行业务操作。

（4）数据抽取规则根据市场规则或业务要求而设定。

（5）数据抽取规则配置时无须系统停机。

（6）数据抽取规则配置后即刻生效，无须系统重启。

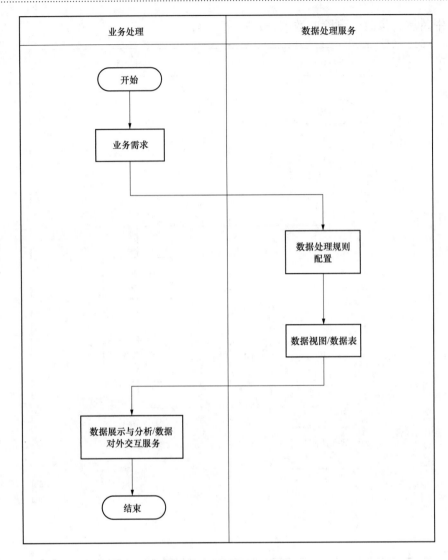

图 8-14　数据处理流程

（7）数据抽取后形成的目标视图或表能够自动更新。

3．关联

数据抽取关联需抽取的源数据，抽取后的目标数据；数据抽取越权时，告警服务关联越权的数据名称及类型；数据展示与分析时，关联抽取后的目标数据。

4．工作内容

（1）设定所需抽取数据的数据表与字段，配置数据抽取规则。

（2）根据数据获取权限，对于越权获取的数据，进行告警与提示，且禁止抽取相应的数据。

（3）形成新的数据视图或数据表，可对抽取数据进行查询与导出操作。

（4）自动更新抽取后的数据视图或数据表。

8.12.2.2 数据处理

1．业务子项描述

数据处理支持从不同的实例、数据表中，对取自不同字段的数据进行灵活的组合配置与数值计算，以适应于电力交易平台或外部系统的查询分析要求。支持对转换后数据的查询与导出。

2．工作要求

（1）数据处理结果仅用于展示分析和对外数据送出，不得在其上进行业务操作。

（2）数据处理规则根据市场规则或业务要求而设定，但同时应避免数据失真。

（3）数据处理应注意源数据相应权限，避免留下漏洞导致数据外泄。

（4）数据处理规则配置时无须系统停机。

（5）数据处理规则配置后即刻生效，无须系统重启。

（6）数据处理后形成的目标视图或表能够自动更新。

（7）支持对转换后的数据进行查询和导出。

3．关联

数据处理关联需处理的源数据，抽取后的目标数据源；源数据越权时，告警服务关联越权的数据名称及类型；数据处理完成后，关联转换后的目标数据。

4．工作内容

（1）设定所需转换数据的数据表与字段，配置数据处理规则。

（2）根据数据获取权限，对于越权获取的数据，进行告警与提示，且无法抽取相应的数据。

（3）形成新的数据视图或数据表，可对转换数据进行查询与导出。

（4）对转换后的数据视图或数据表自动更新。

8.13 定时任务服务

8.13.1 业务项描述

根据各个业务场景和用户的需求，在诸多的业务场景下提供自动化的任务执行和处理能力。如在不需要用户参与的情况下，定时从不同渠道获取大量数据，将这些数据根据不同的业务规则整合与存储，然后针对规整后的数据进行各种分析操作，最终生成满足业务需求的分析结果。

8.13.2　业务项流程

定时任务服务流程如图 8-15 所示。

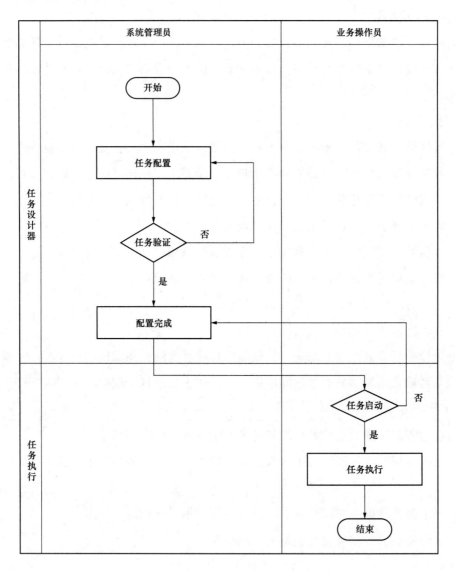

图 8-15　定时任务服务流程

8.13.2.1　任务设计器

1．业务子项描述

任务设计器能够进行任务的新建、编辑，能够设定任务的自动执行机制，如按时间间隔执行、指定时间执行等。

2．工作要求

（1）可以进行任务的新建、编辑。

（2）能够设定任务的自动执行机制。

3．关联

各业务定时任务，需使用任务设计器创建定时任务。

4．工作内容

（1）能够进行任务的新建、编辑。任务内容包括任务名称、任务说明、触发任务、有效时间等。

（2）能够设定任务的自动执行机制。可以按照间隔时间进行重复执行，按照指定的时间进行执行，并可指定不执行时间。

8.13.2.2　任务监视工具

1．业务子项描述

任务监视工具可监视各个自动处理任务的历史执行状态，能够多维度统计任务的执行情况。

2．工作要求

（1）可监视各个任务的执行情况。

（2）多维度统计任务的执行情况。

3．关联

各业务查看配置的定时任务执行历史状态，需查看任务监视工具。

4．工作内容

（1）可监视各个任务的执行情况。可监控各个任务每次执行的情况，包括执行时间、是否成功等。

（2）多维度统计任务的执行情况。可以按照执行时间、任务、是否成功等多个维度进行统计分析任务的执行情况。

8.13.2.3　任务调度引擎

1．业务子项描述

任务调度引擎作为任务处理服务的核心功能，按照配置的任务调度时间自动执行各项任务。

2．工作要求

各项任务自动执行。

3．关联

任务调度引擎执行任务时，会关联任务设计器。各业务触发定时任务，需调用任务调度引擎。

4．工作内容

各项任务按照任务配置中的执行时间、任务内容，能够自动执行。

8.14　数据归档和备份服务

8.14.1　业务项描述

数据归档的目的是整理电力交易平台产生的历史数据信息，并确保这些数据能够被系统、科学和长期保存。

数据备份的目的是保存数据的副本，用于防止因人为错误、系统崩溃和自然灾害造成的数据丢失。当原始数据丢失时，可以通过获取数据副本实现数据还原，以确保业务连续性，或者在业务中断时能够以最短的时间得到恢复。

8.14.2　业务项流程

数据归档和备份流程如图 8-16 所示。

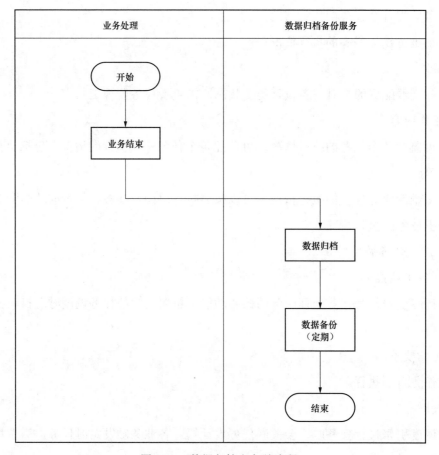

图 8-16　数据归档和备份流程

8.14.3 业务子项

8.14.3.1 数据归档

1. 业务子项描述

数据归档是将经电力交易平台产生、处理、存储数据和信息以系统、科学的管理方式进行长期的保存，主要用于耗时较长、涉及场景较多的统计、分析、交易、结算类业务。

2. 工作要求

（1）当业务流程结束后自动启动归档服务，以增量归档方式为主，每次只需归档上次归档后至今的增量部分。

（2）全量归档服务以定期任务的方式执行，每次需对数据进行完整的归档。

（3）流程结束两年或以上的数据应纳入归档数据管理。

（4）归档服务的数据库应与常规生产数据库分别设置。

（5）归档策略可根据业务数据的需求自定义。

（6）数据归档应具备归档时间可配置的功能，按照业务数据的需求可以定期自动归档，也可以执行手动归档。

（7）对归档过程的关键因素进行可视化监控，归档不成功应有相关告警信息推送至集中监控界面。

（8）归档规则配置无须系统停机。

（9）归档规则配置后生效无须系统重启。

3. 关联

业务流程完结时，关联流程全部相关数据；数据备份时，关联已归档数据；归档未成功时，告警服务关联归档未成功原因。

4. 工作内容

（1）根据业务需求，对数据制定合适的归档策略与归档时间配置。

（2）对归档过程的关键因素，包括但不限于磁盘、堆栈、容量、索引等进行可视化监控，归档不成功应有相关告警信息推送至集中监控界面。

8.14.3.2 数据备份

1. 业务子项描述

数据备份是指保存数据的副本，用于防止因人为错误、系统崩溃和自然灾害造成的数据丢失。当原始数据丢失时，可以通过获取数据副本实现数据还原，以确保业务连续性，或者使业务中断时能够以最短的时间得到恢复。

2．工作要求

（1）数据备份服务定时启动，优先实施增量备份，只备份上次完全备份或者增量备份后被修改了的部分。

（2）定期执行全量备份数据服务，对数据进行完整的备份。

（3）服务器级备份宜每48h运行一次；版本控制备份每次更新时宜创建一个；存储在服务器上的数据进行任何重大更改宜进行数据备份，以备出现问题时回滚快照。

（4）备份策略可根据业务数据的需求自定义。

（5）数据备份应具备备份时间可配置的功能，按照业务数据的需求可以定期自动备份，也可以执行手动备份。

（6）对备份过程的关键因素进行可视化监控，备份不成功应有相关告警信息推送至集中监控界面。

（7）备份规则配置无须系统停机。

（8）备份规则配置后生效无须系统重启。

3．关联

定时归档关联数据备份任务和已归档数据；备份未成功，告警服务关联备份未成功原因。

4．工作内容

（1）根据业务需求，对数据制定合适的备份策略与备份时间配置。

（2）对备份过程的关键因素，包括但不限于磁盘、堆栈、容量、索引等进行可视化监控，备份不成功应有相关告警信息推送至集中监控界面。

8.15　主动安全防护服务

8.15.1　业务项描述

对用户操作时的用户名、菜单路径、API路径、部门、请求时间等信息进行动态获取，通过智能安全判断，将有危害的请求或行为拦截并记录。针对危害请求或行为，主动进行 IP 及账号的封禁。危险请求或行为分级处理，先警告、后短时封停、最后封禁。危害请求记录，有利于系统管理员排查问题。

8.15.2　业务项流程

主动安全防护流程如图 8-17 所示。

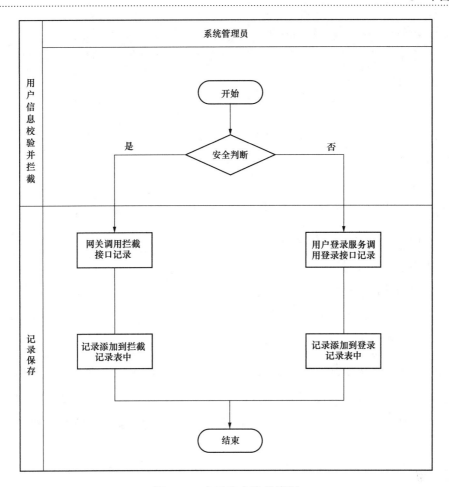

图 8-17 主动安全防护流程

8.15.3 业务子项

8.15.3.1 访问拦截

1. 业务子项描述

访问拦截功能用于识别和过滤用户请求，限制权限，进行访问控制。验证请求合法性和来源，通过授权令牌确认请求合法。加强访问控制，防止非法操作。检测重复提交和恶意攻击，拦截请求，并根据已配置的安全策略手动或者自动封禁用户账号和 IP。

2. 工作要求

识别请求来源、请求增加授权、封禁账号与 IP。

8.15.3.2 拦截记录

1. 业务子项描述

拦截记录用于记录疑似非法、恶意或有害的请求。拦截记录内容包括请求的来源 IP

地址、请求内容、拦截时间、拦截原因等。

2．工作要求

记录疑似非法、恶意或有害的请求。

3．关联

关联访问拦截，获取异常访问拦截数据。

8.15.3.3　多 CA 管理

1．业务子项描述

引入多家 CA 机构，将多家 CA 机构集中归口管理，实现多 CA 兼容，为电力交易市场主体提供对 CA 机构的自主选择权。

2．工作要求

保障多 CA 机构可选择。

8.15.3.4　微服务内部调用认证

1．业务子项描述

为防止不法人员或者程序进入微服务内部网络后，攻击电力交易平台微服务接口、修改和获取到敏感数据，需建立微服务之间的认证体系，保障微服务在内部环境的安全性，防止出现内部环境中未经授权请求可直接访问微服务接口而对系统造成的入侵问题。

2．工作要求

针对内部请求进行授权，杜绝在内部环境中未授权的请求可直接访问微服务接口。

8.16　电网企业数据交互

8.16.1　业务项描述

电力交易平台与调度支持系统（含调度控制系统和调控云系统）及电网企业的营销系统、财务系统等有数据交互需求，具备与 IMS 系统、ISC 系统、BPM 系统、短信平台之间的集成条件，对集成数据进行统一有效管理。

8.16.2　业务项流程

电网企业数据交互流程如图 8-18 所示。

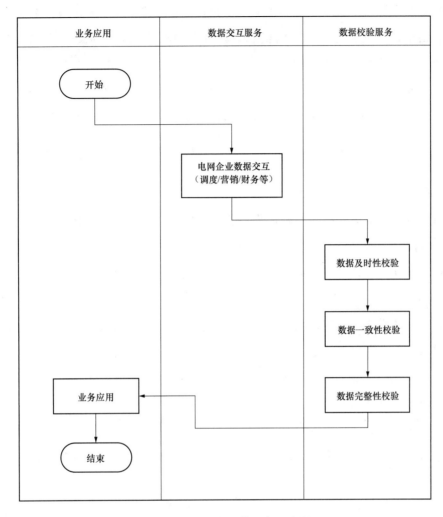

图 8-18 电网企业数据交互流程

8.16.3 数据集成方式

（1）同步服务调用。服务调用机制是指由数据提供方按照服务总线访问规范对外提供服务调用接口，数据获取方通过调用数据服务访问接口来获取数据。

（2）异步文件传输。数据交互双方事先制定统一的数据文件规范，文件一般采用XML、E、CSV 等文本格式，并采用数据发送确认、文件比较、文件重发等机制确保数据交换可靠性。

8.16.3.1 与电网企业调度支持系统数据集成

1. 业务子项描述

电网企业调度支持系统（包含调度控制系统和调控云系统，以下简称调度系统）作为开展中长期交易、现货交易等市场化交易中所必备的系统，与电力交易平台有大量、双向的数据集成需求。其中，调度系统将为交易平台提供中长期交易有约束交易结果信息、现货市场出清结果、辅助服务市场出清信息、计划与调整信息、负荷预测信息、电网运行信息、考核信息、机组计量数据等信息；交易平台作为对外开展电力交易的窗口，为调度系统提供中长期交易无约束交易结果信息、市场成员信息，现货市场申报信息和机组运行状态等，为调度系统开展现货交易提供必要信息。为保障电网的安全稳定运行以及市场化交易的顺利开展，交易平台与调度系统交互的数据应满足及时性、一致性与完整性的要求。

2．工作要求

（1）与调度系统集成的横向数据应根据其业务需求与属性，配置维护横向数据的数据类型、收发时间、传输通道、触发方式等信息。

（2）对与调度系统集成的横向数据分别设立传输日志，记录数据收发时间以及数据的相关信息。

（3）对与调度系统集成的横向数据设定传输状态标志，对于传输失败的数据，在送端系统与受端系统分别告警与提示。

（4）对于中长期交易、现货市场申报、辅助服务市场申报数据，因涉及商业机密，应采用数据加密技术进行数据保护。

（5）数据交互延迟应小于 500ms。

（6）电力交易平台与调度系统之间的数据交互通道的健康情况纳入集中监控平台进行监控。

（7）与调度系统的数据交互建议采用同步服务调用方式。若调度系统部署于Ⅱ区，则建议采用异步文件传输方式。

3．关联

交互数据时，关联调度机构数据集成；数据传输失败，告警服务关联传输失败标记，传输失败数据项。

4．工作内容

（1）电力交易平台与调度系统建立握手机制，完成初始化数据请求。

（2）电力交易平台与调度系统建立心跳机制，数据接收端定时（如 1min）向数据送出端发送一条数据，数据送出端根据商定的协议回复，以表明双方相通，否则需要做相应处理，如断开服务器、重新握手、弹出提示等。

（3）根据业务需求，定时进行数据交互，如现货市场出清结果，机组发电计量数据、负荷预测、电网运行情况等；或是按更新情况即时触发数据交互，如现货申报数据、机组运行状态等。

（4）数据接收后进入数据校验环节。校验通过后进行业务处理，若校验不通过则触发告警服务。

（5）数据交互情况（包括但不限于通道、数量、类别、校验等）纳入集中监控平台进行监控。

8.16.3.2　与电网企业营销系统数据集成

1．业务子项描述

电网企业营销系统（包括营销业务应用系统和用电采集系统等，以下简称营销系统）作为电力用户基本信息与电力用户计量点数据的来源，交易平台需要从营销系统获取用户计量点信息以及计量点电量（电力）数据以开展零售、批发市场的结算业务。营销系统与电力交易平台的数据集成应具备及时性、一致性与完整性的要求。

2．工作要求

（1）与营销系统集成的横向数据应根据其业务需求与属性，配置维护横向数据的数据类型、收发时间、传输通道、触发方式等信息。

（2）对与营销系统集成的横向数据分别设立传输日志，记录数据收发时间以及数据的相关信息。

（3）对与营销系统集成的横向数据设定传输状态标志，对于传输失败的数据，在送端系统与受端系统分别告警与提示。

（4）数据交互延迟应小于 500ms。

（5）与营销系统的数据交互建议采用同步服务调用方式。

3．关联

交互数据时，关联营销专业系统交互数据；数据传输失败，告警服务关联传输失败标记，传输失败数据项。

4．工作内容

（1）电力交易平台与营销系统建立握手机制，完成初始化数据请求。

（2）电力交易平台与营销系统建立心跳机制，数据接收端定时（如 30min）向数据送出端发送一条数据，数据送出端根据商定的协议回复，以表明双方相通，否则需要做相应处理，如断开服务器、重新握手、弹出提示等。

（3）根据业务需求，定时进行数据交互（如市场化电力用户分时用电计量数据等），或是按更新情况即时触发数据交互，如拟合用电数据等。

（4）数据接收后进入数据校验环节。校验通过后进行业务处理，若校验不通过则触发告警服务。

（5）数据交互情况（包括但不限于通道、数量、类别、校验等）纳入集中监控平台进行监控。

8.16.3.3　与电网企业财务系统数据集成

1．业务子项描述

电网企业财务系统需从电力交易平台获取发电企业、电力用户及售电公司参与零售市场、批发市场各类交易的结算依据，为上述市场主体提供结算通知单。财务系统与电力交易平台的数据集成应满足及时性、一致性与完整性的要求。

2．工作要求

（1）与财务系统集成的横向数据应根据其业务需求与属性，配置维护横向数据的数据类型、收发时间、传输通道、触发方式等信息。

（2）对与财务系统集成的横向数据分别设立传输日志，记录数据收发时间以及数据的相关信息。

（3）对与财务系统集成的横向数据设定传输状态标志，对于传输失败的数据，在送端系统与受端系统分别告警与提示。

（4）数据交互延迟应小于500ms。

（5）电力交易平台与财务系统之间的数据交互通道的健康情况纳入集中监控平台进行监控。

（6）与财务系统的数据交互建议采用同步服务调用方式。

3．关联

交互数据时，关联财务系统数据交互；数据传输失败，告警服务关联传输失败标记，传输失败数据项。

4．工作内容

（1）电力交易平台与财务系统建立握手机制，完成初始化数据请求。

（2）电力交易平台与财务系统建立心跳机制，数据接收端定时（如30min）向数据送出端发送一条数据，数据送出端根据商定的协议回复，以表明双方相通，否则需要做相应处理，如断开服务器，重新握手，或弹出提示等。

（3）根据业务需求，定时进行数据交互，如市场主体的零售和批发结算依据等，或是按更新情况即时触发数据交互。

（4）数据接收后进入数据校验环节。校验通过后进行业务处理，若校验不通过则触发告警服务。

（5）数据交互情况（包括但不限于通道、数量、类别、校验等）纳入集中监控平台进行监控。

8.17 纵向数据交互

8.17.1 业务项描述

根据全国统一电力市场深化设计方案，按照对两级平台业务协同运作管理要求，采用纵向数据交互方式实现业务数据和管理数据的传送和共享。按照业务需求和传送方向，纵向交互业务数据主要包含省级电力交易中心向北京电力交易中心上传数据和北京电力交易中心向省级电力交易中心下发数据业务子项，覆盖了两级交易中心所开展的各项核心业务。以下通过数据交互全面性、数据传输过程合规校验、整体链路监控、数据考核机制 4 个方面来说明业务数据交互范围与规范，并确保业务数据传输及时性、完整性、准确性、可用性。

考虑到电力交易系统数据的高实时性、业务数据传输峰值较高的现状和要求，为保证交易业务的正常开展，需在省间电力交易平台和省级电力交易平台之间建立专用通道，使用独享带宽进行纵向数据的交换。

纵向数据交互全面性方面：省间电力交易平台与省级电力交易平台数据交互范围初定包含基础类数据、交易类数据、计划类数据、合同类数据、结算类数据、信息发布类数据、市场信息统计类数据、电力电量平衡类数据、服务窗口管理类数据、市场运营分析类数据、全景展示类数据、交易合规类数据、火电机组环保监测类数据、市场关键指标、经法数据、调度数据、规划计划数据 17 类业务数据，涵盖了北京电力交易中心和省级电力交易中心核心两级业务开展所需的各类明细化数据。

数据传输合规校验方面：为保证接收业务数据的准确性、可用性，在数据源端和数据目标端分别建立业务数据合规性校验机制，在相关业务完成抽取共享数据或接收数据的过程中，首先触发业务数据合规性校验机制，通过校验机制将需要共享的业务数据进行甄别、清洗、过滤，自动屏蔽截断不完整、不准确的问题数据，并自动向用户发出告警和诊断信息，同时实现系统智能化的数据解决处理方案。相关校验规则从纵向业务数据完整性、业务数据准确性（包含关联一致性）、业务数据逻辑性 3 方面进行制定。其中，业务数据完整性包括共享数据的过程中需要将整个业务链条的数据完整共享，接收端全部接收相关数据后即可开展核心业务，如共享购售电合同数据时，不仅需要共享合同电量电价等信息，还需要将购售双方的市场主体成员信息以及关联的机组信息、结算单元信息一并共享或对应关联，保证数据接收端获取相关数据后，可开展后续结算业务。业务数据准确性包括交易出清、交易计划、交易结算等相关业务衍生的电量、电价、电费信息，形成完整闭环，保证相关数据准确一致所制定的规则。业务数据逻辑性包括对相关数据存在的不符合业务实际或数据逻辑性问题，如电厂当月总上网电量小于电厂当月结算总电量，而进行的检查规则。

整体链路监控方面：建立数据交互链路管理机制，实时采集并记录共享业务数据的数据传输过程，确保在第一时间跟踪业务数据流向以及快速定位由于链路堵塞、断点等问题造成的数据丢失、不一致等情况，保证业务数据在整个链路的完整性、一致性。

数据考核机制方面：建立数据考核机制，确保纵向传输交互数据的及时性、完整性、准确性，同时开展相关问题的分析、管理和处理工作。如北京电力交易中心采用直接抽取省级平台底层业务明细数据表的技术实现方式，通过可配置报表展示各省纵向传输交互数据的及时性、完整性、准确性。

8.17.2 业务项流程

纵向数据交互业务流程由数据源端发起，经合规性校验合格的数据通过纵向数据通道上传或下传，传输过程中开展数据交互链路监控。数据目标端接收收据后，进行合规性校验，检验通过的纵向交互数据纳入接收端系统平台实现数据应用。纵向数据交互流程如图8-19所示。

8.17.3 业务子项

8.17.3.1 省级电力交易中心向北京电力交易中心上传数据

根据北京电力交易中心管理和业务需求，省级电力交易中心通过数据通道向北京电力交易中心传送基础类数据、交易类数据、计划类数据、合同类数据、结算类数据、信息发布类数据、市场信息统计类数据、电力电量平衡类数据、服务窗口管理类数据、市场运营分析类数据、全景展示类数据、交易合规类数据、火电机组环保监测类数据、市场关键指标等业务结果类底层数据，要求数据传输快速（秒级）、安全、准确、全面、可靠。

省级电力交易中心向北京电力交易中心上传数据业务流程如图8-20所示。

8.17.3.2 北京电力交易中心向省级电力交易中心下送数据

根据省级交易中心业务需求，北京电力交易中心通过数据通道向省级电力交易中心传送市场成员、省间交易、省间合同、省间计划、省间结算、信息发布类数据、电力电量平衡类数据、交易合规类数据、市场关键指标等业务结果类数据，要求数据传输快速（秒级）、安全、准确、全面、可靠。

北京电力交易中心向省级电力交易中心下送数据流程如图 8-21 所示。

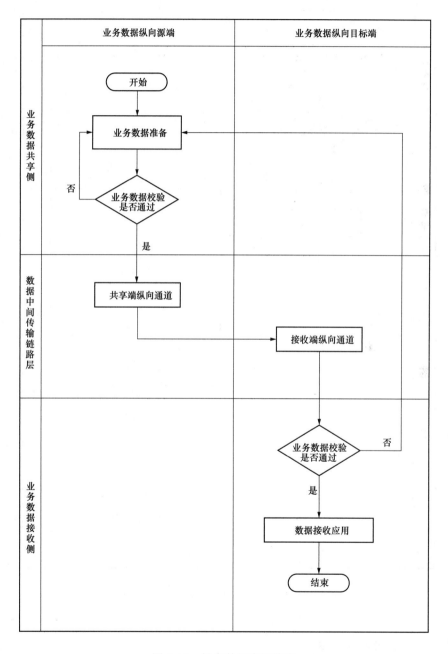

图 8-19　纵向数据交互流程

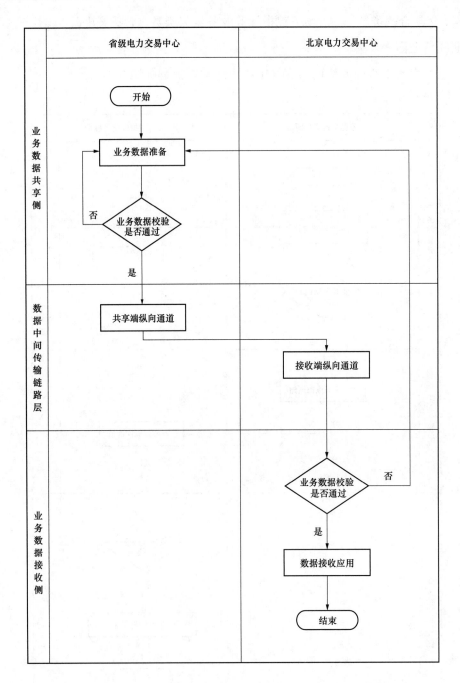

图 8-20 省级电力交易中心向北京电力交易中心上传数据业务流程

8.17.3.3 纵向数据交互核查

1. 业务子项描述

建立数据交互核查与保障机制，支持对纵向交互数据传递情况进行核查。

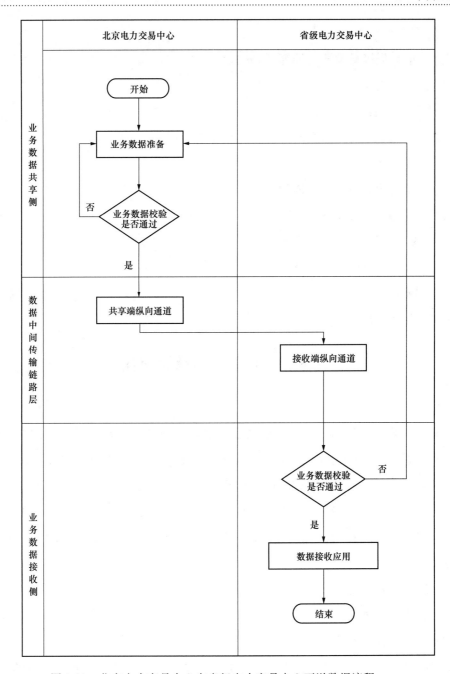

图 8-21　北京电力交易中心向省级电力交易中心下送数据流程

2．工作要求

支持纵向交互数据传输情况核查。

8.17.3.4　纵向数据交互保障

1．业务子项描述

常态发现纵向交互部分数据缺失等异常情况。

2．工作要求

保障数据缺失等异常情况能够及时处理。

8.17.3.5　发送短信

1．业务子项描述

支持省间向省内推送数据时，向省级交易中心相关人员发送短信提示。

2．工作要求

支持消息下发后进行短信通知。

8.17.3.6　数据增量补传

1．业务子项描述

提供数据增量补传功能。

2．工作要求

支持数据增量补传。

8.18　市场主体数据交互

8.18.1　业务项描述

为实现市场主体与电力交易平台间进行数据规范交互，制定了统一的电力交易平台对外交互规范，指导各市场主体的相关接口设计、开发及联调工作。通过统一开放平台与各市场主体信息系统的信息交换服务，在互联网上进行通信，平台接口采用 Web service 方式传输数据。统一开放平台用于对第三方系统提供统一开放的接口访问资源管理、数据传输安全协议、应用申请流程管理和访问令牌管理，实现业务代码解耦合、零入侵。

8.18.2　业务项流程

市场主体数据交互流程如图 8-22 所示。

8.18.3　工作要求

按照总体要求，在保证系统安全性、先进性的基础上，按照配置的时间频度进行数据发布和交互，通信通道通过封装的国密算法对传输信息进行加密、签名。

8.18.4　业务子项

8.18.4.1　平台发布接口

1．业务子项描述

编制对外发布的数据项内容以及时间频度。

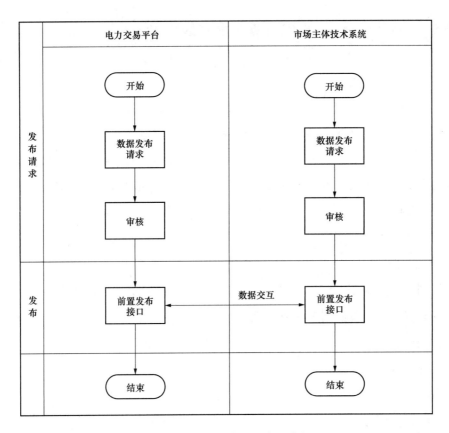

图 8-22 市场主体数据交互流程

2．工作要求

能够编制对外发布的数据项内容以及时间频度。

3．关联

平台接口接入。

8.18.4.2 平台接入接口

1．业务子项描述

定义电力交易平台对外接入的接口数据内容、属性和时间频次。

2．工作要求

支持定义对外接入的接口。保障电力交易平台对外接口的安全和规范性。通过国密算法对传输参数解密、返回参数加密、签名。

3．关联

平台发布接口。

8.19　灰　度　发　布

8.19.1　业务项描述

通过设置灰度规则指定一部分正式或者测试账号作为灰度用户，灰度用户只允许访问到灰度发布的应用。定义灰度环境、灰度环境关联都可单独设置灰度用户，通过版本管理完成灰度环境的应用发布。灰度发布完成后，用灰度账号进行灰度测试，根据测试结果完成版本的发布或回滚。灰度发布模式，可在测试通过后，随时进行全链路发版。

8.19.2　业务子项

8.19.2.1　灰度规则

1．业务子项描述

灰度规则是灰度流量分发的策略，例如按照用户、请求 IP、流量百分比等规则。根据新平台业务特点默认按照用户规则分发。

2．工作要求

能够配置灰度规则分发。

3．关联

灰度环境、灰度用户。

8.19.2.2　灰度环境

1．业务子项描述

灰度环境需要关联灰度规则，关联灰度规则用于确定该灰度环境的路由规则。灰度环境还需要配置进行灰度发布的微服务，用于确定哪些微服务作为灰度微服务。

2．关联

灰度规则、灰度用户。

8.19.2.3　灰度用户

1．业务子项描述

灰度用户是指从用户群体中选择出的一小部分具有代表性的用户，进行部分功能的试用。灰度用户请求的流量会路由转发到灰度环境应用中。

2．工作要求

灰度用户请求会被路由到灰度环境。

3．关联

灰度规则、灰度环境。

8.20　需求管理工具

8.20.1　业务项描述

需求管理工具包括需求提报与需求管理两大功能，支持业务人员录入问题和改进需求。需求处理人员可汇总并对用户录入的需求进行处理，实时更新各项需求的处理状态。

8.20.2　业务项流程

需求管理工具流程如图 8-23 所示。

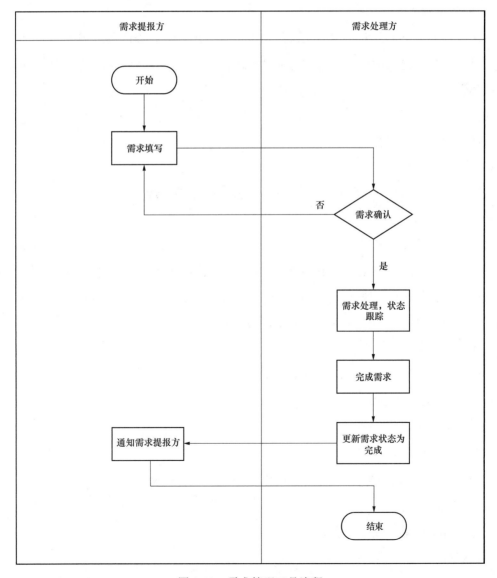

图 8-23　需求管理工具流程

8.20.3　业务子项

8.20.3.1　新增需求提报

1．业务子项描述

新增需求提报以及管理功能，支持业务人员对在系统使用过程遇到的问题和改进需求进行录入，包括需求名称、需求描述、需求等级、预期解决时间。

2．工作要求

支持需求提报及管理。

8.20.3.2　需求处理

1．业务子项描述

需求处理人员可汇总并对用户录入的需求进行处理，实时修改各项需求的处理状态。业务人员可对自己提出的各项需求进行处理状态的跟踪。实现系统需求的线上提报与全过程的闭环管理。

2．工作要求

支持需求的链路跟踪。

8.21　平台身份认证服务

8.21.1　业务项描述

平台身份认证服务是指应用各类身份认证工具载体，通过数字证书、生物识别、设备指纹、安全加固等方式实现基于国产密码技术的身份认证。可同时接入多个 CA 认证体系，为用户提供"一站式"的低成本、高安全、易使用的身份认证服务。

8.21.2　业务流程

平台身份认证服务流程如图 8-24 所示。

8.21.3　业务子项描述

8.21.3.1　平台身份凭证申请

1．业务子项描述

平台身份凭证申请用于为业务应用提供市场主体身份核验。

2．工作要求

支持平台身份凭证线上生成。

3．工作内容

根据市场主体身份信息生成公私钥，传递市场主体企业信息生成身份凭证。

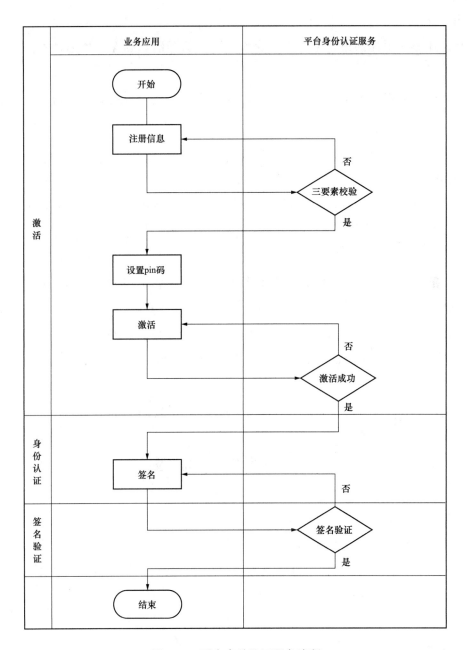

图 8-24　平台身份认证服务流程

8.21.3.2　平台身份凭证管理

1．业务子项描述

为市场主体提供平台身份凭证全生命周期管理，包含平台身份凭证更新、注销功能。

2．工作要求

支持平台身份凭证线上管理。

3．工作内容

（1）为业务应用提供市场主体平台身份凭证更新功能，确保市场主体身份凭证的有效性。

（2）为业务应用提供市场主体平台身份凭证注销功能，与业务系统市场主体状态保持一致性。

8.21.3.3　平台身份认证

1．业务子项描述

平台身份认证依托平台公私钥签名验签机制，采用密钥分割等技术保护市场主体私钥，主要功能有登录、签名、签名验证等。

2．工作要求

市场主体在新一代电力交易平台进行身份实名认证授权，为登录、交易申报等敏感行为做身份认证。

3．工作内容

（1）提供支持基于数字证书的身份认证登录、签名功能，认证方式包括生物信息识别或 pin 码等。

（2）利用市场主体公钥凭证信息对电力市场主体的签名值验证。

8.22　区块链绿电溯源服务

8.22.1　业务项描述

区块链绿电溯源服务是指将绿色电力交易的关键业务数据，通过区块链技术进行加密、存证后，按需开展数据还原、比对的服务。该服务支持扫码进行绿电溯源认证查询功能，实现绿电交易关键业务数据可视化溯源。

8.22.2　业务项流程

区块链绿电溯源服务流程如图 8-25 所示。

8.22.3　业务子项

8.22.3.1　绿色电力交易数据存证

1．业务子项描述

绿色电力交易数据存证是采用电子签名技术，将市场主体身份、合同、结算等数据规则化、资产化后进行关联存证，生成电力市场主体链上关联数据，确保上链数据身份真实、溯源可信。

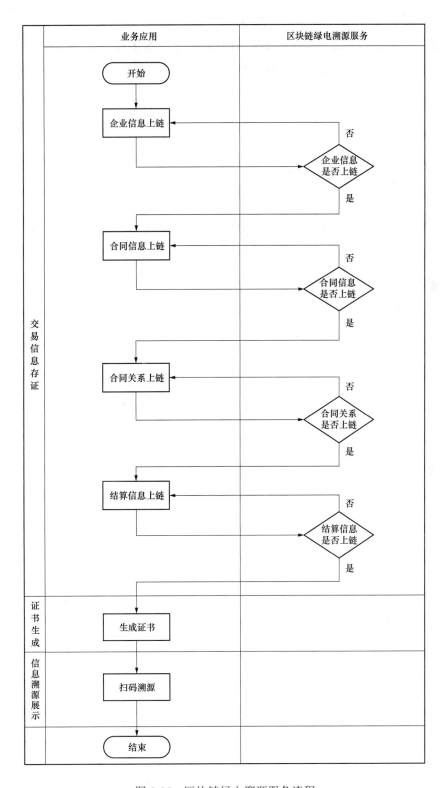

图 8-25　区块链绿电溯源服务流程

2．工作内容

（1）通过数字证书、电子签名、可信时间戳等密码服务对市场主体身份信息、绿色电力合同信息、售电公司与电力用户绑定信息、结算信息等进行链上存证。

（2）绿色电力交易结算完成后，区块链绿电溯源服务为市场主体生成绿色电力消费凭证，通过对绿色电力消费凭证数据进行上链加密存证等方式，防止绿色电力消费凭证被篡改、冒用。

8.22.3.2　绿色电力交易数据溯源

1．业务子项描述

绿色电力交易数据溯源是对合同、结算等数据提供丰富的溯源功能，并为绿色电力消费凭证提供便捷扫码溯源服务，面向市场主体展示绿色电力消费全流程链上信息。

2．工作内容

为业务应用提供市场主体身份信息、合同信息、绑定信息、结算信息和绿色电力消费凭证的可视化溯源服务，市场主体可通过扫码等方式查看溯源信息。

9 安 全 管 理

为确保承载海量市场化交易业务的新一代电力交易平台安全、稳定运行，满足市场主体连续应用需求，交易平台需具备足够的安全保护能力和条件，主要内容包括安全物理环境、安全通信网络、安全区域边界、安全计算环境、安全管理中心、云计算安全扩展和移动互联安全扩展等。

电力交易平台的安全管理工作，需遵守的相关标准包括但不限于：

《信息安全技术　网络安全等级保护基本要求》（GB/T 22239—2019）

《信息安全技术　网络安全等级保护安全设计技术要求》（GB/T 25070—2019）

《关于深化管理信息系统安全等级保护定级与备案相关工作的通知》（信息运安〔2010〕116 号）

9.1　安全物理环境

9.1.1　业务项描述

针对机房场地提出的安全控制要求，主要对象为物理环境、物理设备和物理设施等。涉及的安全控制点包括物理访问控制、防盗窃和防破坏、防火、温湿度控制、电力供应和电磁防护等。

9.1.2　机房环境安全

1. 业务子项描述

按照"三级等保"工作要求，新一代电力交易平台部署的机房物理环境应按照国家和行业网络安全防护要求进行防护，需在物理访问控制、防盗窃和防破坏、防火、温湿度控制、电力供应和电磁等方面进行安全防护。

2. 工作要求

符合本章前述的相关标准规定。

3．关联

机房场地安全与通信网络安全相关联。

4．工作内容

（1）物理访问控制。机房出入口控制措施需满足：机房出入口应配置电子门禁系统，控制、鉴别和记录进入的人员。

（2）防盗窃和防破坏。机房防盗措施需满足：应设置机房防盗报警系统或设置有专人值守的视频监控系统。

（3）防火。机房防火措施需满足：机房应设置火灾自动消防系统，能够自动检测火情、自动报警，并自动灭火。

（4）防汛。机房防汛措施需满足：机房应设防水沟或地漏，机房内需安装防漏水监测系统，能够自动监测漏水情况，自动报警。

（5）温湿度控制。机房温湿度控制措施需满足：应设置温湿度自动调节设施，使机房温湿度的变化在设备运行所允许的范围之内。

（6）电力供应。机房短期的备用电力供应措施需满足：应提供短期的备用电力供应，至少满足设备在断电情况下的正常运行要求。机房电力线路冗余措施需满足：应设置冗余或并行的电力电缆线路为计算机系统供电。机房应急供电措施需满足：应提供应急供电设施。

（7）电磁防护。机房电磁防护措施需满足：应对关键设备或关键区域实施电磁屏蔽。

9.2　安　全　通　信　网　络

9.2.1　业务项描述

为确保在安全等级保护三级的安全要求下进行数据传输的安全性，新一代电力交易平台采取了综合的网络安全保障措施，重点涵盖了网络设备、网络通道以及通信网络 3 个关键方面。

9.2.2　业务子项

9.2.2.1　网络设备安全

1．业务子项描述

新一代电力交易平台主要利用核心交换设备、汇聚交换设备、接入交换设备、边界防火墙、入侵防御设备等保障网络安全运行。安全管理需按等级保护三级防护要求进行安全防护。

2．工作要求

符合本章前述的相关标准规定。

3．工作内容

（1）采用网络设备账号唯一性机制对登录网络设备的用户身份进行身份识别和鉴别。

（2）配置设备管理策略，对网络设备的管理员登录的地址进行限制。制定登录超时及账号锁定策略。

（3）本地或远程设备管理必须进行身份认证；修改默认用户和口令，不使用缺省口令，口令长度不小于 8 个字符，使用字母和数字、特殊字符的混合形式，不与用户名相同，并加密存储；至少每 3 个月更换口令。

（4）登录失败时，采取结束会话措施，限制非法登录次数，网络登录连接超时自动退出。

（5）对网络设备进行远程管理时，需采用安全的 SSH、HTTPS 进行远程管理，防止鉴别信息在网络传输过程中被窃听。

（6）使用网络设备系统自带审计功能或者部署日志服务器保证管理员的操作被审计。

（7）禁用不需要的网络端口，关闭不需要的网络服务。

（8）防火墙、交换机等网络设备应采用双机模式部署，提高设备链路冗余能力。

9.2.2.2 网络通道安全

1．业务子项描述

新一代电力交易平台的网络通道主要包括信息内网网络通道、信息外网网络通道、互联网通道，安全管理需按三级防护要求进行安全防护。

2．工作要求

符合本章前述的相关标准规定。

3．工作内容

信息内网网络通道和信息外网网络通道需按照相关要求进行统一安全防护。

互联网通道需要满足如下安全要求：

（1）应采用 HTTPS 协议提供初始化验证和加密通信通道。

（2）与外部系统交互可采用虚拟专用网（VPN）通道保证数据传输安全。

9.2.2.3 通信网络安全

1．业务子项描述

为保障新一代电力交易平台网络传输通信安全，从通信网络数据传输完整性、通信网络数据传输保密性、通信网络可用性、通信网络可信接入、通信网络安全审计 5 个方面进行综合考虑，利用密码技术、VPN 技术、网络 DDoS 攻击防护技术、网络流量监测及安全审计等技术保障通信网络安全，安全管理需按等级保护三级防护要求进行安全防护。

2．工作要求

符合本章前述的相关标准规定。

3．工作内容

（1）通信网络数据传输完整性。采用由密码等技术支持的完整性校验机制，以实现通信网络数据传输完整性保护，并在发现完整性被破坏时进行恢复。

（2）通信网络数据传输保密性。通信网络数据传输保密性满足以下要求：

1）采用虚拟网络通道技术或其他密码技术对通信过程中的敏感信息字段或整个报文进行加密。

2）进行远程管理或访问重要的敏感数据时，通过 VPN 加密隧道进行远程访问，确保通信网络数据传输的保密性。

（3）通信网络可用性。通信网络可用性安全满足以下要求：

1）确保网络架构采取冗余架构，关键节点网络设备和链路冗余，保证高可用性。

2）确保网络设备的业务处理能力满足业务高峰期需要。

3）通过网络流量监测技术，对网络消耗带宽进行监测，将要达到预设上限时及时告警，并增加网络带宽。

（4）通信网络可信接入。通信网络可信接入安全满足以下要求：

1）在物理网络中通过 IP、MAC、端口绑定等技术限制非授权设备接入。

2）部署 VPN 系统，确保在远程管理时，采用由密码等技术支持的可信网络连接机制。

3）在 VPN 系统中设置安全访问控制策略，确保在远程管理时，防止远程管理设备的同时连接其他网络。

（5）通信网络安全审计。通信网络安全审计满足以下要求：

1）具备网络流量审计功能，对云平台进出流量进行全量审计分析。

2）审计内容至少包括网络协议、Web 应用访问请求、Web 应用返回值等。

3）审计记录包括事件的日期和时间、事件类型、事件是否成功及其他与审计相关的信息。

4）审计记录产生时的时间由系统内唯一确定的时钟产生。

5）确保审计记录不被破坏或非授权访问，并对特定安全事件进行报警。

6）对审计进程进行保护，防止未授权的中断。

9.3 安全区域边界

9.3.1 业务项描述

新一代电力交易平台的部署方式，主要包括信息内网横向域间边界、信息内网纵向域间边界、信息内外网边界以及信息外网第三方边界这 4 个关键边界。

9.3.2 业务子项

9.3.2.1 信息内网横向域间边界

1．业务子项描述

信息内网横向域间边界是指电力交易平台与电网企业调度、营销、财务等系统之间的边界。

2．工作要求

符合本章前述的相关标准规定。

3．关联

与横向数据交互业务相关联。

4．工作内容

（1）通过国产硬件防火墙，针对电力交易平台与其他业务系统间数据交互制定访问控制策略，细化至端口级别。

（2）配置 IP、MAC 绑定，防止地址欺骗。

（3）通过国产入侵检测系统，镜像交换机边界流量至入侵检测，配置入侵检测探头策略，并对日志进行分析审计。

9.3.2.2 信息内网纵向域间边界

1．业务子项描述

信息内网纵向域间边界是指省间电力交易平台与省级电力交易平台内网纵向边界。

2．工作要求

符合本章前述的相关标准规定。

3．关联

与纵向数据交互业务相关联。

4．工作内容

（1）在省间电力交易平台与省级电力交易平台信息内网纵向边界分别部署国产硬件

防火墙并配置细粒度的访问控制规则。

（2）部署国产入侵检测系统，镜像交换机边界流量至入侵检测，配置入侵检测探头策略，并对日志进行分析审计。

（3）对边界网络流量及连接数进行监测控制。

9.3.2.3　信息内外网边界

1．业务子项描述

信息内外网边界是指信息内网与信息外网边界。

2．工作要求

符合本章前述的相关标准规定。

3．工作内容

内外网边界采用专用信息网络安全隔离装置进行防护，交易平台外网及移动终端应用通过隔离装置访问电力交易平台内网数据库。

9.3.2.4　信息外网第三方边界

1．业务子项描述

信息外网第三方边界是指信息外网与互联网的边界。

2．工作要求

同物理安全环境工作要求。

3．工作内容

（1）应针对电力交易平台外网与其他外部业务系统间数据交互制定访问控制策略，细化至端口级别。

（2）应实现对移动终端应用和用户的身份认证、授权和访问行为控制，在因特网客户与外网应用服务器间建立安全数据通道。

（3）部署移动应用交互平台，实现移动终端用户的统一身份认证，授权和访问行为控制，在用户手机与外网应用服务期间建立安全数据通道。

（4）部署国产硬件防火墙并配置细粒度的访问控制策略，控制资源访问权限及粒度。

（5）采用技术手段防止 DOS（拒绝服务）攻击。

（6）启用 VLAN 间访问控制，对系统间端口访问权限进行安全控制。

（7）部署入侵防范设备，监视并防范边界处端口扫描、木马后门攻击等入侵攻击行为。

（8）对于策略违背行为应当进行日志记录，并定期进行日志分析处理。

9.4 终 端 安 全

9.4.1 业务项描述

业务人员、运维管理人员使用现有信息内网访问新一代电力交易平台内网，市场主体通过互联网办公桌面终端、互联网移动终端访问电力交易平台，在安全等级保护三级的安全要求下，针对交易平台使用人员的终端设备提出安全要求。

9.4.2 业务子项

9.4.2.1 信息内网办公计算机

1．业务子项描述

信息内网办公计算机主要指交易中心工作人员通过信息内网的办公计算机访问新一代电力交易平台的内网应用。

2．工作要求

符合本章前述的相关标准规定。

3．工作内容

（1）内网办公计算机 MAC、IP 地址与交换机端口进行绑定。

（2）内网办公计算机全部安装桌管终端。

（3）内网办公计算机全部安装符合公司要求的防病毒软件。

（4）对终端访问通过防火墙进行范围限制。

9.4.2.2 互联网办公计算机

1．业务子项描述

互联网办公计算机主要指包括市场主体（发电企业、电力用户、售电公司等）、政府主管部门和监管机构使用的办公计算机终端。交易中心工作人员通过信息外网的办公计算机访问新一代电力交易平台的外网应用。

2．工作要求

符合本章前述的相关标准规定。

3．工作内容

（1）通过数字证书认证进行登录，由统一权限管理平台管理登录账户及权限信息，对用户名、密码等关键登录信息进行签名认证。

（2）采取程序混淆、文件加密等方法阻止恶意软件篡改终端软件，保障终端程序及数据的安全。

（3）需对终端传输的数据进行数字签名、加密、校验，保证交易客户端应用数据传输的安全性。

（4）终端与服务端通信过程中进行入侵检测、安全审计等。

（5）对终端上传附件大小、附件类型可自定义配置限制。

（6）对终端资源文件、配置文件、关键数据进行加密处理存储。

（7）定期升级系统补丁。

（8）安装杀毒软件。

9.4.2.3　互联网移动终端

1．业务子项描述

互联网移动终端主要包括市场主体（发电企业、电力用户、售电公司等）使用的移动终端。

2．工作要求

符合本章前述的相关标准规定。

3．工作内容

（1）终端 App 软件应采用移动安全沙箱技术实现高可靠数据隔离。

（2）采取程序混淆、文件加密等方法阻止恶意软件篡改终端 App 软件，保障终端程序及数据的安全。

（3）采用 App 加密保护软件防止 App 被反编译，加密技术包括资源文件保护、防二次打包保护、调试器保护、内存保护、源码优化、so 文件保护等。

（4）需对终端传输的数据进行数字签名、加密、校验，保证移动终端数据传输的安全性。

9.5　主　机　安　全

9.5.1　业务项描述

电力交易平台中的主机操作系统为 Linux，主机安全应满足对操作系统的安全防护要求，遵从以下主机安全［物理服务器防护，主要是指非上云主机安全（含虚拟机）］要求。主要从身份认证、访问控制、入侵防范、漏洞扫描、恶意代码防范、资源控制、安全审计、数据备份等方面提出具体的安全需求。

9.5.2 业务子项

9.5.2.1 身份认证

1．业务子项描述

主要针对主机操作系统登录的身份认证提出具体的安全需求。

2．工作要求

符合本章前述的相关标准规定。

3．工作内容

（1）对登录操作系统的用户进行身份标识和鉴别。

（2）用户口令长度不小于 8 位，为大写字母、小写字母、数字、特殊字符中的 3 种或 3 种以上的组合；用户名和口令不相同。

（3）为不同用户分配不同的用户名，保证用户名的唯一性。

（4）采取结束会话、限制非法登录次数和自动退出等措施实现登录失败处理功能。登录失败处理功能要求对 24h 之内登录失败次数达到设定值（1～5 次之内）的用户账号进行锁定，并按照规则限制其锁定时间内不能解锁。登录失败次数及锁定时间等可由管理员自定义设置。

（5）当对服务器进行远程管理时，采取必要措施防止鉴别信息在网络传输过程中被窃听。

（6）操作系统管理用户采用两种或以上组合的鉴别技术（如口令＋USBKey、口令＋证书、口令＋生物特征等）进行身份鉴别。

9.5.2.2 访问控制

1．业务子项描述

主要针对主机操作系统的访问控制提出具体的安全需求。

2．工作要求

符合本章前述的相关标准规定。

3．工作内容

（1）操作系统启用访问控制功能，依据安全策略控制用户对资源的访问。

（2）根据管理用户的角色分配权限，实现管理用户的权限分离，仅授予管理用户所需的最小权限。

（3）操作系统特权用户不同时作为数据库管理员。

（4）对系统默认账户重命名并修改默认口令，限制其访问权限。

（5）及时删除操作系统中多余的、过期的账户，避免共享账户的存在。

（6）对重要信息资源设置敏感标记，依据安全策略控制用户对敏感数据信息的操作。

9.5.2.3 入侵防范

1．业务子项描述

主要针对主机操作系统的入侵防范提出具体的安全需求。

2．工作要求

符合本章前述的相关标准规定。

3．工作内容

（1）通过在网络边界中使用入侵监测等措施进行防护。

（2）操作系统遵循最小安装的原则，仅安装必要的组件和应用程序，并及时更新系统补丁。

（3）对服务器操作系统定期安全漏洞扫描和加固或采用第三方安全工具增强操作系统的安全性；扫描应当在非关键业务时段进行并制定详细的回退计划，对于扫描发现的漏洞及配置弱点应及时进行处理。

（4）重要服务器采用安全可控的操作系统。

（5）检测对重要服务器进行入侵的行为，记录入侵的源 IP、攻击类型、攻击目的、攻击时间，并在发生严重入侵事件时提供报警。

（6）备份主机上的重要配置文件，定期使用文件完整性检查工具或脚本完整性检测并利用备份文件恢复。

9.5.2.4 漏洞扫描

1．业务子项描述

主要针对主机操作系统的漏洞扫描提出具体的安全需求。

2．工作要求

符合本章前述的相关标准规定。

3．工作内容

（1）采用漏洞扫描工具定期或重大变更时对系统进行安全扫描。

（2）对于扫描出的漏洞及时进行处理，处理方式包括安装补丁、配置网络访问控制策略和监测黑客利用漏洞行为的数据流。

9.5.2.5 恶意代码防范

1．业务子项描述

主要针对主机操作系统的恶意代码防范提出具体的安全需求。

2．工作要求

符合本章前述的相关标准规定。

3．工作内容

（1）服务器安装防病毒软件。

（2）定期更新防病毒软件和恶意代码库，遵从统一要求开展系统补丁更新。

（3）防恶意代码应统一管理。

（4）主机防恶意代码产品与网络防恶意代码产品恶意代码库不同。

9.5.2.6 资源控制

1．业务子项描述

主要针对主机操作系统的资源控制提出具体的安全需求。

2．工作要求

符合本章前述的相关标准规定。

3．工作内容

（1）设定终端接入方式、网络地址范围等条件限制终端登录。

（2）根据安全策略设置登录终端的操作超时锁定。操作时间阈值可自定义设置。

（3）采用磁盘限额等方式限制单个用户对系统资源的最大或最小使用限度。

（4）监测重要服务器的 CPU、硬盘、内存、网络等资源的使用状况，对系统服务水平降低到预定的最小值检测和报警。

9.5.2.7 安全审计日志

1．业务子项描述

主要针对主机操作系统的安全审计提出具体的安全需求。

2．工作要求

符合本章前述的相关标准规定。

3．工作内容

（1）启用操作系统日志审计功能。

（2）对用户行为安全事件进行审计。

（3）对系统资源异常访问等重要安全事件进行审计。

9.6 业 务 安 全

9.6.1 业务项描述

业务安全风险控制应当围绕电力交易业务的关键功能，结合业务应用的具体场景进行安全管理，在新一代电力交易平台业务模型中，与外部用户有系统交互的模块主要为用户注册、登录、交易等场景，需要围绕这些场景分别进行业务安全风险控制。

9.6.2 业务子项

9.6.2.1 用户注册安全风险控制

1．业务子项描述

网络黑产为获得利益不断侵蚀各大交易类门户，通过黑客工具，如自动化注册软件、爬虫、扫描器等，频繁注册、调用注册接口，导致用户注册体验变差，影响业务的安全。为防止黑客工具频繁注册、调用注册接口，需要通过基于 AI 技术的业务风控模式，识别机器人的注册操作，限制网络黑灰产 IP 注册，减少垃圾账户。

2．工作要求

符合本章前述的相关标准规定。

3．关联

业务风控功能为用户注册模块提供风控服务，需要进行 API 级对接。

4．工作内容

用户注册的业务风控需具备大数据流计算处理能力、业务风控算法分析模型以及业务风控 API。市场主体访问新一代电力交易平台外网进行注册时，注册模块需通过业务风控功能进行用户识别，通过用户注册 IP、访问行为（访问请求中是否带有恶意特征码、访问频度、访问占用带宽）等特征进行综合判断，当发现为异常用户注册行为时，应告警提示并终止该用户注册服务。

9.6.2.2 用户登录安全风险控制

1．业务子项描述

用户登录需识别被盗取账户、暴力破解、撞库、密码猜解等风险，需要具备风险控制功能为用户登录提供登录场景的风险控制能力，防范黑客工具的登录行为，如自动化登录软件、爬虫、扫描器、密码爆破工具等。

2．工作要求

符合本章前述的相关标准规定。

3．关联

业务风控模块为用户登录模块提供风控服务，需要进行 API 级对接。

4．工作内容

业务风险控制功能需提供发现账户被盗行为，可以运用到登录、交易申报、合同签订、交易结算等业务流程中，通过传入识别所需信息，系统自动返回账户登录风险情况。用户可以根据返回风险信息执行后续操作，如短信二次验证、身份证验证、人脸验证、锁定账户等。

同时，应结合大数据分析技术，对恶意 IP 登录、异地登录、暴力破解、撞库、密码猜解等风险进行识别和告警。

9.6.2.3 交易存证安全

1．业务子项描述

为保障市场主体在交易申报、合同签订及变更、交易结算等交易行为的不可篡改性，需要利用密码技术，通过数字签名和哈希的方式对交易的关键行为进行存证，确保交易过程中的行为不可抵赖。

2．工作要求

符合本章前述的相关标准规定。

3．关联

与交易申报、交易结果发布、合同管理、交易结算等核心业务相关联，根据相关业务明确的重要敏感数据，对其进行存证管理。

4．工作内容

（1）市场主体交易申报存证。需在存储交易过程的报价数据的数据库中增加两列，一列用于存储数字签名，另一列用于存储哈希值。

数字签名的方法：对市场主体交易申报的用户 ID、申报时间、申报电价、申报电量等交易信息，利用市场主体的 CA 证书进行数字签名，并存入数据库，确保信息的不可抵赖性。

哈希值计算方法：将交易申报信息和数字签名信息利用国密加密算法生成哈希（HASH）值，存入数据库，确保原始信息未经过二次修改。

（2）电子合同的存证。在交易形成电子合同后，对合同文件进行数字签名，同时，将交易的相关信息、交易合同的数字签名信息利用国密加密算法生成 HASH 值，存储到数据库中，确保合同的合法性和不可篡改性。

（3）交易结果的存证。在交易出清时，将交易结果的成交双方、成交电量、成交电价等相关信息、交易出清的数字签名信息利用国密加密算法生成 HASH 值，存储到数据库中，确保交易出清的合法性和不可篡改性。

（4）交易结算单存证。在交易结算时，将交易结算的合同双方、结算电量、结算电价、偏差结算等相关信息、交易结算单的数字签名信息利用国密加密算法生成 HASH 值，存储到数据库中，确保交易结算单的合法性和不可篡改性。

9.6.2.4　结算凭证安全

1．业务子项描述

为保障交易中心结算单的结算凭证可信性和不可篡改性，需要利用电子签章技术，通过对交易中心正式发布的 PDF 格式结算单文件进行交易中心和市场主体的两方签章确认，确保结算的可信任和合法性。

2．工作要求

符合本章前述的相关标准规定。

3．关联

与结算结果发布和确认等核心业务相关联。

4．工作内容

（1）结算单发布签章。在交易中心完成结算结果的计算，生成 PDF 的结算单后，采用电子印章功能运用数字证书签名技术，对结算单进行电子签章。保证结算单和结算结果的真实性、唯一性、来源确认性和不可否认性。

（2）结算单确认签章。在计算单发布并且市场主体成功接收，并确认无误、认可结算结果后，市场主体对结算单进行确认签章。

9.6.2.5　信息披露文件安全

1．业务子项描述

信息披露文件是交易中心与社会公众沟通的窗口和媒介，具有正式严肃、传播广泛的特性，如被篡改将影响交易中心的声誉，带来严重的社会负面反响。信息披露文件的防篡改是交易平台安全防护的重点内容。

2．工作要求

符合本章前述的相关标准规定。

3．关联

与信息披露的核心业务相关联。

4．工作内容

（1）文件内容合法性校验。在信息披露文件上传和下载过程中，进行文件内容合法性的校验。通过违法、违规内容黑名单，校验文件内容的合法性。

（2）文件修改权限严格控制。文件上传、修改严格判断用户权限，相关权限只针对特定用户或者角色开放，防止文件的违规上传和修改。

9.7 应 用 安 全

9.7.1 业务项描述

在新一代电力交易平台的业务应用安全保障方面，从应用系统功能安全、移动应用安全、应用接口安全等层面来考虑，主要实现应用代码开发的全流程安全管控，应用安全防护，移动 App 应用安全加固，应用系统接口安全防护等安全功能。

9.7.2 业务子项

9.7.2.1 应用系统功能安全

1．业务子项描述

应用系统功能安全包含了 Web 站点安全防护、身份鉴别、访问控制、安全审计、剩余信息保护、通信完整性与保密性、软件容错、抗抵赖、配置管理、会话管理、资源控制等安全要求，每个部分均需具有相应的控制措施。

2．工作要求

符合本章前述的相关标准规定。

3．工作内容

应用系统功能安全应满足以下要求：

（1）Web 站点安全防护。在 Web 站点前段部署 Web 安全防火墙，通过精细的规则配置多种 Web 安全检测方法，能够在 IPV4、IPV6 及二者混合环境中抵御 OWASP Top 10 等各类 Web 安全威胁和拒绝服务攻击，用黑、白名单机制相结合的完整防护体系。

（2）身份鉴别。

1）基于统一权限平台进行身份标识和鉴别。

2）外网系统在登录时应采用图形验证码增强身份认证安全。图形验证码是随机生成的，长度不小于四位字符，且包含字母与数字。

3）采用数字证书进行身份鉴别时，应采用国家主管机构认证的第三方数字证书或使用国网 CA 系统签发的数字证书。

4）采用两种或两种以上组合的鉴别技术实现用户身份鉴别，如口令＋USBKey、口令＋证书、口令＋生物特征等。在条件允许下，可以采用人脸识别与公安系统联动身份认证。在采用生物特征做身份认证时，一个企业账号可以授权给多个交易员，一个交易员与企业账号的关联关系可以自定义配置。

5）在进行交易或其他敏感操作的情况下，应支持服务器与客户端间的双向鉴别。

6）账号要实名制创建，保证账号可追溯。

7）根据用户账号使用周期区分长期账号和临时账号；根据账号使用状态区分激活账号、休眠账号和已注销账号。

8）仅授权的管理员配置账号扫描策略，依据策略定期自动扫描账号；对 3 个月及以上未使用的账号进行提示，并短信通知账号使用联系人。

9）提供鉴别信息复杂度检查功能，用户口令长度不小于 8 位，为大写字母、小写字母、数字、特殊字符中的 3 种或 3 种以上的组合；用户名和口令不相同。

10）强制要求管理员账号定期（至少 3 个月 1 次）修改口令，且修改前后不能完全一样。

11）为每个用户创建独立且满足复杂度要求的初始口令，并通过邮件或其他安全渠道发送给用户；第一次登录系统时，系统强制要求用户修改分发的初始口令。

12）保证除系统管理员外的用户只能修改自己的口令，不能修改其他用户的口令。

13）保证已登录系统的用户在执行敏感操作时被重新鉴别。

14）口令不应明文存储和传输，使用密码技术加密存储和传输。

15）提供登录失败处理功能，对 24h 之内登录失败次数达到设定值（1～5 次之内）的用户账号进行锁定，用户登录失败次数锁定、锁定时间可自定义配置。

16）提供用户身份标识唯一检查功能，保证应用系统中不存在重复用户身份标识。

（3）访问控制。

1）基于统一权限平台提供权限分配和访问控制功能。

2）由授权主体配置访问控制策略，并严格限制默认账户的访问权限。

3）明确系统的用户角色（应包括系统管理员、审计管理员、业务配置员和业务用户，可包括业务管理员和业务审计员），根据用户角色授权不同权限，授权能完成各自承担任务的最小权限且互相制约，并且系统需设置权限互斥。

4）系统账户绑定不同的角色，而每个角色可定义资源访问的权限以及资源禁止访问的权限，授权粒度控制到具体的角色，禁止越权访问资源。

5）应根据访问时间、访问客户端地址等条件对用户登录进行访问控制。

6）应设置独立的审核管理员角色，对系统的关键操作进行审批，没有经过审批的操作将不能生效。

7）禁止匿名用户访问权限。

8）对重要信息资源设置敏感标记，依据安全策略控制用户对敏感标记信息的操作，如只允许指定人员对敏感标记信息的批量查询和数据导出。

（4）安全审计。

1）系统安全审计覆盖每个用户。对系统重要安全事件（包括用户和权限的增删改、配置定制、审计日志维护、用户登录和退出、越权访问、连接超时、密码重置、数据的备份和恢复等系统级事件，及业务数据增删改、业务流程定制、交易操作中断等业务级事件）进行审计。

2）审计记录包括事件的日期、时间、事件类型、用户身份、事件描述和事件结果，用户身份应包括用户名和 IP 地址，且应具有唯一性标识。

3）对审计事件类型进行划分，至少应包括系统级事件和业务级事件。

4）审计记录为只读，不能对其删除、修改或覆盖，维护审计活动的完整性。

5）对异常事件根据严重程度进行等级划分，当异常事件发生时依据安全策略可采用弹出告警窗、声光报警、短信通知、邮件通知等方式进行告警。

6）应设置审计记录存储的容量上限，在容量即将达到上限时应进行告警。

7）审计记录中涉及的用户私密信息（通常包括用户口令、银行账号、身份证号等）采用非明文或部分非明文的方式进行显示。

8）审计进程无法单独中断。

9）日志记录至少存储 6 个月。

10）提供对审计记录数据进行统计、查询、分析及生成审计报表的功能（系统自己生成或通过第三方审计工具实现）。

11）应由授权的管理员根据时间范围、事件类型、用户身份、客体身份等属性配置可审计事件。

（5）剩余信息保护。

1）用户鉴别信息所在的存储空间被释放或再分配给其他用户前会完全清除。

2）系统内的文件、目录和数据库记录等资源所在的存储空间被释放或重新分配给其他用户前会完全清除。

（6）通信完整性。

1）采用国密算法保证鉴别信息和重要业务数据等敏感信息在文件系统、数据库中存储的完整性。

2）采用国密算法保证鉴别信息和重要业务数据等敏感信息在传输过程中的完整性。

3）执行敏感操作时应具有检错功能，并在检测到完整性错误时采取必要的恢复措施，保证处理数据的完整性。

（7）通信保密性。

1）在通信双方建立连接之前，利用密码技术进行会话初始化验证。

2）采用国密算法保证鉴别信息和重要业务数据等敏感信息在文件系统、数据库中存储的保密性。

3）采用国密算法保证鉴别信息和重要业务数据等敏感信息在传输过程中的保密性。

4）对通信过程中的整个报文或会话过程进行加密。

（8）抗抵赖。

1）详细记录重要业务操作的日志并提供日志查询功能，在用户请求时，为业务操作发起方或接收方提供数据发送或接收的证据。

2）电力交易平台应具有对重要业务操作进行数字签名和签名验证功能。

（9）软件容错。

1）对输入的数据格式和长度进行限定。

2）提供有效性检测功能，对通过人机接口或通信接口输入的数据进行有效性检验，保证数据格式和长度符合系统设定要求。

3）程序发生异常时使用通用错误信息，并在日志中记录详细的错误消息。

4）系统提供自动保护功能，当故障发生时自动保护当前所有状态，保证系统能够进行恢复。

（10）配置管理。

1）制定安全规范的配置管理流程，使用基于角色的授权策略控制配置管理角色，控制配置权限粒度，配置管理功能只能由经过授权的操作员和管理员访问。

2）避免进行远程配置管理，系统远程配置管理采取通信加密措施保证安全。

3）重要配置信息采取加密、访问控制等措施进行保护。

4）利用文件系统、数据库和应用服务器的日志功能记录对配置文件的重要操作。

（11）会话管理。

1）用户每次登录系统成功后创建新的会话并释放旧会话，新会话ID应具有一定的随机性与长度要求（长度不小于8个字符）。

2）用户登录后，界面提供登出、注销功能。

3）不允许同一用户异地重复登录。

4）会话过程中将用户登录信息、身份凭证等重要会话数据存储在服务器端，敏感会话数据加密存储。

5）设置会话存活时间，超时后自动销毁用户会话，删除会话信息；用户注销或关闭浏览器后，服务端自动清除用户会话。

6）用户退出登录时会删除服务器端会话数据；用户未退出登录而关闭浏览器时，会提示用户安全登出或自动为用户执行安全登出；用户登录后界面提供登出、注销功能。

（12）资源控制。

1）当系统的通信双方中的一方 30min 内未作响应，另一方应能够自动结束会话。

2）系统限制最大并发会话连接数。

3）系统对单个账户的多重并发会话进行限制。

4）系统对一个时间段内可能的并发会话连接数有限制。

5）系统可对一个访问账户或一个请求进程占用的资源分配最大限额和最小限额。

6）系统对系统服务水平降低到预先规定的最小值进行检测和报警。

7）系统提供服务优先级设定功能，可根据安全策略设定访问账户或请求进程的优先级，根据优先级分配系统资源。

9.7.2.2 移动应用安全

1．业务子项描述

用户登录需识别被盗取账户、暴力破解、撞库、密码猜解等风险，需要具备风险控制功能为用户登录提供登录场景的风险控制能力，防范黑客工具的登录行为（如自动化登录软件、爬虫、扫描器、密码爆破工具等）。

2．工作要求

符合本章前述的相关标准规定。

3．关联

与交易平台移动应用功能相关联。

4．工作内容

（1）移动 App 免责声明。用户首次登录时，增加移动应用的法律免责声明确认页面，免责声明应该支持动态更新，且每次更新后应当让用户确认。用户点击同意后，才可以进行移动应用的业务操作。法律免责声明中明确新一代电力交易平台系统及用户的法律职责。主要包括用户应对访问 App 系统数据安全负责，禁止泄漏系统数据、禁止上传非法信息和资料等；App 系统安装在个人手机，用户须对 App 使用环境和账号安全负责；由于政策法规管制、恶意攻击等原因造成停用本 App 系统免责。

（2）应用管理。

1）采取自主可控的 App 安全加固技术，防止自身被篡改、被调试、被反编译，防止代码外泄。

2）应从公司官方渠道下载客户端软件，对从其他渠道下载的客户端软件要验证其签名。

3）应支持升级和升级校验功能。

4）移动设备丢失时应支持应用锁定功能。

5）移动应用卸载后将数据和文件完全清除，无残留数据。

（3）身份鉴别。

1）应采用口令认证方式实现身份认证及鉴别，对关键操作采用短信验证码机制。

2）采用两种或两种以上组合的鉴别技术实现用户身份鉴别，如口令＋USBKey、口令＋证书、口令＋生物特征等。

3）采用数字证书进行身份鉴别时，应采用国家主管机构认证的第三方数字证书。

4）在进行交易或其他敏感操作的情况下，应支持服务器与客户端间的双向鉴别。

（4）应用安全。

1）应对 Activity、Broadcast Receiver、Service、Content Provider、Intent 等组件进行访问权限限制，权限最小化，防止其被攻击。

2）调用相关安全 SDK 实现安全数据传输、安全键盘、界面防劫持等功能。

3）App 启用的权限应与功能相对应，不存在多余权限。

4）App 应不能在模拟器中运行，如必须运行，则应屏蔽敏感操作。针对不同的功能设置不同的权限，只有具备使用该功能权限的用户才可启动该功能。

5）应关闭 App 调试功能，禁止查看调试日志。应提供模拟器运行检测功能，若检测到在模拟器上运行提示用户并退出；若必须在模拟器上运行，则分析操作中存在的敏感操作，对敏感操作进行屏蔽。

6）App 敏感数据应脱敏显示，包括可部分或全部屏蔽。分析 App 中存在的敏感数据，针对该类型数据进行加密处理或转换成相同语义的非敏感数据，在对数据处理时脱敏显示。

7）采取自主可控技术对移动 App 实现安全监测，及时发现针对移动 App 的恶意攻击行为。移动 App 应具备安全监测功能，运行时监测恶意攻击，及时发现针对移动 App 的恶意攻击行为。

（5）移动应用安全态势感知。

1）应具备检测进程空间被注入外部代码，是否存在应用输出指定的恶意文件到磁盘上，检测环境内其他 apk 文件是否存在恶意文件，分析 so 文件是否存在恶意程序片段、劫持、篡改等能力。

2）应具备检测是否处于模拟器环境、检测是否更改了地理位置、检测 host 是否被修改、检测是否使用了外挂类工具等能力。

3）监测每日的 App 启动趋势统计、每日新增的账户数量等能力，如用户传入账户标识，可统计每日新增的账户数。

4）对检测出来的风险和威胁制定响应策略，响应动作包含允许、提示、退出。

5）生成并导出汇总报告，包含用于统计的图形及表格。

9.7.2.3　应用系统接口安全

1．业务子项描述

主要描述与电力交易平台内网接口及外网接口的安全需求，交易平台通过接口向其他系统传输数据前，应对敏感数据进行脱敏处理，并根据不同的接口设定不同的脱敏策略。主要从接口认证、访问控制、加密传输、日志审计等方面提出具体的安全要求。

2．工作要求

符合本章前述的相关标准规定。

3．关联

与横纵向数据接口等业务相关联。

4．工作内容

（1）接口认证。

1）在接口数据连接建立之前进行认证，认证方式采用共享口令或用户名/口令或数字证书等方式。

2）采用共享口令或用户名/口令认证时，应对口令长度、复杂度、生存周期等强制要求；口令长度不小于 8 位字符，应为大写字母、小写字母、数字、特殊字符中的 3 种或 3 种以上的组合；用户名和口令不相同。其中，口令修改频率等应由用户自定义设置。

（2）访问控制。

1）应限制对开接口的应用范围，只包含互联系统所需的最小业务功能集。

2）应根据接口访问控制策略限制接入系统对客体的访问权限。

（3）加密传输。采用密码技术（国密算法）保证鉴别信息和重要业务数据等敏感信息在传输过程中的完整性和保密性。

（4）日志审计。

1）实现接口交互数据的日志审计，审计记录应包括事件的日期、时间、事件类型、用户身份、事件描述和事件结果，用户身份应包括用户名和 IP 地址，且应具有唯一性标识。

2）在请求的情况下为数据原发者或接收者提供数据原发或接收证据，且明确具体实现方式。

（5）接口安全防护。采用入侵防御、Web 安全防护、抗 DOS/DDoS 等安全防护能力对提供服务的 API 接口进行安全防护。

9.8　数　据　安　全

9.8.1　业务项描述

新一代电力交易平台数据根据应用范围可分为口令数据、系统数据、业务数据，根据重要敏感程度又可分为高、中、低 3 级。数据安全管理应依据数据类型配置数据调用查看、修改的权限（除业务存证要求的数据不能修改外，其余可根据权限修改），针对数据的生产、存储、传输、处理、共享、销毁等方面进行安全防护策略优化，通过数据加密、数据签名、摘要比对等技术手段保障数据全生命周期的安全，防止数据被非法篡改等。

9.8.2　业务子项

9.8.2.1　数据安全等级

1. 业务子项描述

电力交易平台的数据按应用范围可分为口令数据、系统数据、业务数据，根据重要敏感程度又可分为高、中、低 3 级。口令数据主要包括内部用户登录口令和外部用户登录口令。系统数据主要包括重要配置信息、其他配置信息、程序数据等。业务数据包括市场主体交易、合同、结算、信息发布（如交易申报等）等业务数据。

2. 工作要求

符合本章前述的相关标准规定。

3. 关联

与市场成员注册管理、交易管理、合同管理、结算管理、统计分析、信息发布等业务相关联。

4. 工作内容

对电力交易平台口令数据、系统数据、业务数据等数据使用场景、存在形式、存储安全的保密性、完整性、传输安全的保密性、完整性，以及是否有标记等内容提出以下要求。

数据重要等级划分如表 9-1 所示。

表 9-1　　　　　　　　　　　　　　数据重要等级划分

数据分类	数据类型	数据使用场景	存在形式	存储安全		传输安全		是否有标记
				保密性	完整性	保密性	完整性	
口令数据	内部用户登录口令	内网 PC 终端用户登录口令数据	内网存储 内网传输	高	高	高	高	—
		内网移动终端用户登录口令数据	内网存储 内网传输			高	高	—
	外部用户登录口令	外网 PC 终端用户登录口令数据	内网存储 外网传输			高	高	—
		外网移动终端用户登录口令数据	内网存储 外网传输			高	高	—
系统数据	重要配置信息	数据库权限配置信息等	内网存储 内网传输	高	高	高	高	—
	其他配置信息	系统权限菜单配置信息	内网存储 内网传输	低	低	低	低	
	程序数据	微应用微服务安装包等信息	内网存储	低	低	—	—	—
业务数据	客户敏感信息	名称类数据：包括客户编号、网站账户、联系人电话、身份证号码等。 内外网 PC 端、移动端访问	内网存储 内网传输 外网存储 外网传输	高	高	高	高	—
		商务类数据：包括客户营业执照、客户开户银行、银行账号等。 内外网 PC 端、移动端访问	内网存储 内网传输 外网存储 外网传输			高	高	—

9　安全管理

153

续表

数据分类	数据类型	数据使用场景	存在形式	存储安全		传输安全		是否有标记
				保密性	完整性	保密性	完整性	
业务数据	客户基本信息	名称类数据：包括客户名称、调度简称、所属集团、联系人姓名等。 内外网 PC 端、移动端访问	内网存储 内网传输 外网存储 外网传输	低	低	低	低	—
	重要业务数据	交易、合同、结算业务数据：包括交易申报、交易结果、合同信息、结算信息等数据信息 内外网 PC 端、移动端访问	内网存储 内网传输 外网传输	高	高	高	高	是
	信息发布数据	私密信息：依据信息披露办法明确的对客户发布的私有信息	内网存储 内网传输 外网传输	高	高	高	高	—
		公开信息：依据信息披露办法明确的对特定类型客户发布的信息	内网存储 内网传输 外网传输	中	中	中	中	—
		公众信息：依据信息披露办法明确的对社会公众发布的信息	内网存储 内网传输 外网传输	低	低	低	低	—

9.8.2.2　数据产生安全

1．业务子项描述

从数据安全角度考虑，在数据产生/采集环节对元数据进行安全管理、数据类型和安全等级标记，对敏感数据进行加密。

2．工作要求

符合本章前述的相关标准规定。

3．关联

与市场成员注册、交易申报业务相关联。

4．工作内容

数据的生产环境应具备元数据安全管理、数据标识、数据加密、数据查阅的能力。

交易申报数据应做加密处理。市场主体提报交易申报数据后，平台对交易申报数据加密，开标时对申报数据进行解密，并按照交易规则进行出清。在双边交易中，市场主体及其选定的交易对方可以查看自身的申报数据，其他市场主体均不能查看他人交易申报数据；在集中交易开标前，只有市场主体可以查看自身的申报数据，只能进行查阅，但不允许修改，如果需要修改申报数据，只能撤销其已申报但未成交的申报数据，然后再重新提交交易申报数据；交易开标后，交易中心业务人员可以查看所有市场主体解密后的交易申报数据。

9.8.2.3　数据存储安全

1．业务子项描述

为了确保数据存储环境安全，需要在数据存储时对数据进行加密存储、完整性校验、异常记录等方面的安全加固。

2．工作要求

符合本章前述的相关标准规定。

3．工作内容

数据存储阶段需加强对数据库的状态巡检、账号管理、维护等监管。如账号密码有效期、账号锁定策略、禁用默认端口等，以保障数据库本身的安全。

（1）对市场主体交易申报信息数据使用 SM2 算法进行加密存储。

（2）系统核心的管理数据、交易申报信息等业务信息进行存储及应用时，对数据的完整性进行验证，针对数据缺失、异常等情况提供日志记录跟踪及恢复功能。

（3）数据删除均需经过访问控制，并至少经过二次确认。

9.8.2.4　数据传输安全

1．业务子项描述

在数据传输过程中确保数据的传输通道是加密的，或者数据在经过加密后再传输，防止数据被监听、篡改。

2．工作要求

符合本章前述的相关标准规定。

3．关联

与横纵向数据交互业务相关联。

4．工作内容

数据传输通过密码技术保障数据机密性、完整性。通过 HTTPS、VPN 等技术建立不同安全域间的加密传输链路，或直接对数据进行密文加密，保障数据传输过程安全。

需对传输数据进行数据签名，并将完整性校验值附在业务数据之后，从而保证传输数据的完整性。

9.8.2.5　数据使用安全

1．业务子项描述

数据使用需保障数据在授权范围内访问和处理，防止数据遭非法窃取、泄漏、损毁。

2．工作要求

符合本章前述的相关标准规定。

3．关联

与权限管理、系统设置业务相关联。

4．工作内容

除了在网络中部署防火墙、入侵检测、防病毒、防 DDoS、漏洞检测等网络安全防护技术措施外，需实现账号权限管理、数据安全域划分、数据脱敏、大数据安全审计、异常行为实时监控和终端数据防泄漏等功能。

9.8.2.6　数据共享安全

1．业务子项描述

数据共享涉及向第三方机构或部门提供数据、对外公开数据等不同业务场景，需要对数据的共享行为设置严格的安全策略。

2．工作要求

符合本章前述的相关标准规定。

3．关联

与横纵向数据交互、信息发布、流程审批业务相关联。

4．工作内容

在数据横纵向共享过程中，发现数据的拥有者和使用者之间的关系，形成数据关系图，实时追踪数据去向。同时提供流程审批及审计功能，有效管理数据共享行为，防范数据窃取、泄漏等安全风险。

9.8.2.7　数据销毁安全

1．业务子项描述

数据销毁是保证磁盘中存储数据的永久删除和不可恢复。有两种不同的数据销毁场景：①云端资源再次分配时的数据销毁。②物理磁盘损坏或维修场景下的数据销毁。

2．工作要求

同物理安全环境工作要求。

3．工作内容

可采用多次填充垃圾信息技术实现软件级数据销毁。数据销毁必须严格按照运维专责发出请求→主管审核→高管确认的流程进行，并将该流程固化在安全管控功能界面之中。

9.8.2.8　数据备份安全

1．业务子项描述

为防止电力交易平台数据意外损坏无法恢复，需要对交易平台数据进行自动安全备份，并在备份时对原有数据采取相同的安全措施。

2．工作要求

符合本章前述的相关标准规定。

3．工作内容

（1）交易平台可实现定期异地自动备份数据。

（2）数据备份时，应保持原有不同等级数据的安全处理措施一致。

9.8.2.9　数据安全风控

1．业务子项描述

构建数据风险控制中心，提供动态化、智能化的风险控制功能，实现对数据全生命周期的事前、事中、事后的综合防护。事前通过分析数据资产分布和敏感情况得出整体数据风险状况并制定相应数据安全策略；事中通过对内部数据流动和访问行为的实时监控分析，发现数据风险事件实现对数据的风险防控；事后通过对数据风险事件的追查、溯源来指导事前、事中数据安全工作。

数据风险控制中心应具备敏感数据风险采集、敏感数据风险分析、敏感数据风险追溯、敏感数据风险控制和敏感行为风控代理等功能。

2．工作要求

符合本章前述的相关标准规定。

3．工作内容

（1）敏感数据风险采集。敏感数据风险采集主要是为敏感数据风险分析提供基础数据，可通过端口镜像方式将各出口的流量镜像至敏感数据采集中。敏感数据风险采集需具备以下功能：

1）提供敏感数据识别引擎，通过敏感数据识别引擎对数据接口进行敏感识别。支持多种敏感数据识别模式，通过对已指定的部分样本数据进行机器学习，对数据中其他类似数据进行自动化分类分级。

2）具备敏感数据接口自动发现的功能，对内部正在被访问的数据接口进行采样和分析，自动发现包含指定类型的敏感数据的接口。敏感数据接口识别算法覆盖类型包括市场主体联系人姓名、手机号、固定电话、住址、身份证、护照、IP 地址、MAC 地址等。

3）具备快速数据接口接入配置的功能，无须对数据应用进行代码改动。支持对指定数据接口进行快速配置，实现流动行为监控。

4）具备数据流向事件监控的功能，自动对数据访问行为进行还原并详细记录数据接口的被访问情况，实现对数据通过应用流动的细节的全面监控。

（2）敏感数据风险分析。敏感数据风险分析是整体数据安全风控平台的核心部分，通过对采集到的敏感数据的相关信息，使用规则、数据模型等各种手段进行分析、比对，发现敏感数据的风险行为。敏感数据风险分析需具备以下功能：

1）具备存储和分析功能，满足数据风险分析所需要的数据存储和分析的要求。存储系统应针对数据流动行为定制数据压缩算法，并提供全文检索的能力；分析功能应基于当前主流的数据分析技术实现，构建集数据接入、数据处理、数据存储、查询检索、分析挖掘、应用接口、数据可视化等为一体的数据分析功能。

2）具备数据风险行为分析和异常告警的功能，对数据流动、数据库访问的异常行为进行预警。

3）可通过行为分析技术对数据访问方建立行为基线，包括正常行为基线和历史行为基线，并利用异常检测技术从多个维度来识别异常数据访问行为。

4）具备对接数据库审计日志的能力，并对数据库访问行为进行异常分析，识别如大批量数据导出、异地访问、周期性高频访问等异常数据库访问行为。

5）具备自动监控和检测数据安全策略执行情况的能力，以敏感数据资产地图为基础，能够结合数据库审计日志、应用数据流动日志、权限和高危操作、申请和审批日志，对数据安全策略的应用和执行情况进行监控和检测，防止预警策略失效。

（3）敏感数据风险溯源。敏感数据风险溯源应提供数据审计功能，支持对敏感数据泄漏事件进行有效追踪和溯源，通过敏感数据流动情况分析出风险产生的原因，从根源解决数据风险问题。敏感数据风险溯源需具备以下功能：

1）具备敏感数据流动感知功能，结合敏感数据流动监控产出的数据流动信息，通过敏感数据流动集中展示敏感数据流动情况，便于了解敏感数据流动情况。

2）具备敏感数据行为画像功能，根据访问数据类型、访问数据量、访问数据时间、访问数据方式以及访问数据频次等多个维度进行统计汇总分析，形成数据访问方（如账号、IP）的完成数据访问行为画像。

（4）敏感数据风险控制。敏感数据风险控制应对发现的数据风险事件及时采取相关的安全保护动作，例如对敏感数据的动态脱敏等，以快速阻断正在发生的数据泄漏事件。敏感数据风险控制需具备以下功能：

1）具备动态数据保护功能，在发生数据风险时对数据访问实施保护措施，包括针对用户级别的脱敏、数据加密、流速限制、阻截等。

2）为避免误拦截影响用户业务，阻断策略需要由数据安全风控平台统一制定和下发。可以阻断用户的非法数据访问，也可以通过旁路模式做策略联动，下放阻断指令到系统的访问控制，阻断用户数据访问行为。

3）具备数据风险策略管理能力，可以提供默认的风险控制策略，也能具备用户自定义风控规则配置的能力，管理员可以根据电力交易平台需求制定风控规则以满足不同场景下的数据流动风险监控和处置的需求。

4）具备自定义重点账号和 IP 监控的功能，提供对重点账号、IP 监控的配置入口，并对这类账号、IP 进行重点监控。

（5）敏感数据操作行为风控代理。敏感数据操作行为风控代理应对敏感的数据操作行为采取相关的代理、控制、脱敏机制，例如对敏感数据的动态脱敏等。具备以下功能：

1）具备数据导出控制的能力，可识别数据导出行为，并对数据导出的行为进行统一的控制，包括限制导出操作、控制导出数量和内容。

2）具备高危数据操作控制的能力，识别用户定义的高危数据操作行为，如数据修改、数据删除等。

3）具备实现对多种协议的细粒度数据访问操作权限控制的功能。

4）支持细粒度和更灵活的权限控制，用户可以根据访问者的账号、IP、时间和访问等进行自由组合和权限控制。

5）具备数据脱敏功能，可针对通过风控代理访问数据库的行为进行字段级别的数据脱敏处理，以满足不同使用场景下对敏感数据采取不同数据保护策略的要求。

6）支持不同脱敏算法的能力，提供如同义替换、数据遮蔽、可逆脱敏、数据格式保留加密等多种数据脱敏算法。

9.8.2.10 敏感数据资产管理平台

1. 业务子项描述

构建敏感数据资产管理平台，清晰地掌握系统中敏感数据分布、流转和使用情况，有利于对敏感数据的监控，在敏感数据泄漏后可以进行溯源分析。敏感数据资产平台主要应包括数据资产识别、数据分类分级、敏感数据地图、敏感数据搜索、敏感数据管理策略等功能。

2．工作要求

符合本章前述的相关标准规定。

3．工作内容

（1）敏感数据资产识别。敏感数据资产识别是数据资产管理的基础和前提，通过自动或者手工录入方式发现数据库服务的分布以及数据库中的数据资产，并对数据的分布情况进行分析和展示。敏感数据资产识别需实现以下功能：

1）支持对数据库服务进行定期数据发现和更新，允许用户自定义数据发现范围。

2）支持对不同类型数据库进行自动扫描，自动发现结构化数据资产。

3）支持定位生产环境、测试环境中存储的结构化数据，展现出各类场景下的结构化数据具体分布情况。

（2）敏感数据分级分类。通过对识别的数据资产按照数据安全等级进行分级分类，针对不同级别的数据进行策略设置，以实现敏感数据的识别和跟踪管理。敏感数据分级分类需实现以下功能：

1）支持多种敏感数据识别模式，包括预定义模式、自定义模式、相似数据发现模式等。

2）支持常见的敏感数据类型发现能力，包括市场主体联系人姓名、电话号码、身份证号码等。

3）支持对数据进行自定义分类和分级，用户可通过编写不同的识别规则如正则表达、关键字匹配等来识别自定义的敏感数据。

4）支持相似性敏感数据发现功能，通过对已指定的部分样本数据进行机器学习，从而对其他类似数据进行分类分级。

（3）敏感数据地图。敏感数据地图主要是对所有敏感数据资产进行交互式、可视化的展示，提供敏感数据资产分布情况的全面管理视图，帮助交易中心数据管理人员认清敏感数据资产。敏感数据地图需实现以下内容：

1）支持数据分布展示，分别展示数据的内部库信息、外部源库信息，以及数据流动方向、类别数目、库数目等。

2）支持展示数据的动态信息。

3）支持数据字典采集，包含数据字段信息来源类型、入库方式等。

4）支持数据字典管理，包括数据库信息（库的基本信息、连接信息、表汇总、资源、统计信息等）、数据表信息（表的基本信息、统计、任务信息等）、数据字段信息、类目信息、汇总字典信息等。

（4）敏感数据搜索。支持敏感数据资产多维度搜索功能，通过数据资产的各类属性作为筛选条件进行快速数据资产检索，便于敏感数据资产的快速查询。敏感数据搜索需实现以下内容：

1）支持基于单个敏感数据项构建索引。

2）提供全文检索功能，支持自定义时间区间对敏感数据进行快速检索。

3）支持通过关键字对敏感数据进行快速检索。

（5）敏感数据访问控制。对于敏感数据的管理需制定统一的策略，避免策略不一致导致敏感数据的泄漏。管理策略包含数据存储方式、访问规则、数据授权要求、脱敏方式、流出限制等。敏感数据访问控制需实现以下功能：

1）内置默认管理策略，同时支持用户自定义策略，管理员可以根据电力交易平台需求制定敏感数据管理规则。

2）支持管理策略的启用和禁用功能。

3）支持管理策略下发功能，同时支持和数据安全风控平台进行策略联动。

9.9 安全管理中心

9.9.1 业务项描述

为实现新一代电力交易平台系统与业务的安全集中管理，构建交易平台安全管理中心，将交易平台（含云平台）安全的各个组件统一化管理，实现安全态势集中展示、安全策略集中下发、安全事件统一处置管理。从应用服务安全监测及告警、业务统一安全审计及告警、安全主动防御等方面提出具体的安全需求。

9.9.2 业务子项

9.9.2.1 应用服务安全监测及告警

1. 业务子项描述

新一代电力交易平台需要具备基于前端、应用、业务自定义等维度，迅速便捷地为交易中心构建秒级响应的实时业务监控能力。应用服务安全监测应从 IT 硬件资源、云服务运行状态、链路访问过程、系统安全状态的角度出发，总体监测系统运行状态，实现系统运行状态可监控、出现问题可定位、系统异常可告警。

2．工作要求

符合本章前述的相关标准规定。

3．工作内容

（1）全链路访问监测。需提供全链路监测功能，实现调用链路数据的数据生成、数据收集、数据保存、数据快速访问的能力，支撑全链路监测的调用链路分析，将系统调用的访问路径拓扑、调用性能指标等分析结果通过可视化页面，将全链路监测数据、问题分析等功能呈现给运维人员，实现问题快速分析、快速定位。

链路异常支持系统自动告警，告警内容支持系统自动通过各渠道将链路异常推送给相关运维管理人员，运维人员可以根据告警情况，对异常服务进行启停等相关操作，以保证系统正常运行。

（2）IT 资源监测。电力交易平台应监测微服务 CPU 使用率、中间件负载、数据库使用率、存储使用情况等多个参数，IT 异常支持系统自动告警，自动推送，便于运维人员及时了解系统运行环境的整体运行状态、系统压力状态，提升系统 IT 运维水平。如中间件负载超过设计容量的 80%应给出告警。

（3）前端监控。应具备实时感知用户实际访问网站的响应时间和错误率，并能基于地区、浏览器等多维的用户访问速度和错误分析进行多维度监控分析，对于页面的异常情况，也能监控和诊断应用的大量异步数据调用的性能和成功率；检测用户登录信息，能够实时追溯到市场主体的交易终端的 MAC 和 IP 地址。

（4）应用监控。应具备通过对服务调用信息进行动态分析、智能计算，可以显示应用与服务的依赖关系，根据应用响应时间、请求数、错误率等指标下钻分析，按应用、事务、数据库多维度查看，智能收集基于调用链的问题事务，明确定位错误来源。

（5）安全监控。

1）监控电力交易平台页面内容完整、不被篡改。

2）监控电力交易平台存在的 SQL 注入、XSS、非法访问、信息泄漏等应用层漏洞，从而提前解决潜在风险。

3）监控电力交易平台服务器可能存在的系统级漏洞，提前杜绝系统威胁。

4）监控电力交易平台是否存在网站被挂载木马、是否被钓鱼而影响业务开展。

5）监控电力交易平台是否存在敏感数据，对于敏感数据可自行配置告警功能，方便运维人员及时了解到发生的安全事件，可根据量化的标准，根据网站的安全事件严重程度进行不同形式的告警，杜绝可能存在的政治风险和声誉损失。

9.9.2.2　业务统一安全审计及告警

1．业务子项描述

新一代电力交易平台需要建立统一的日志审计中心，通过以安全大数据算法代替人工分析，自动从海量原始日志信息中挖掘真正存在高威胁的安全事件，并自动联动有关安全工单系统产生告警工单派发给指定的安全运营负责人，安全运维人员接到告警通知后可立即在统一的安全管理中心界面对各类告警事件进行在线查看，并做出安全加固、漏洞修复、应急响应、安全策略优化等一系列动作，从而保障电力交易平台安全运行。

2．工作要求

符合本章前述的相关标准规定。

3．工作内容

（1）安全审计中心应包括云安全审计（包括云日志审计、云数据库审计、运维安全审计、云平台安全审计）、网络安全审计、应用安全审计等内容。

（2）应能够将云平台层、网络层、主机层、应用层等全量审计数据进行统一汇总到安全审计中心。

（3）应支持实时监控收集到的各类安全事件日志，进行安全态势分析，并进行安全告警。

（4）日志告警可支持分类告警、分组告警。

（5）对于安全管理中心安全审计日志和告警信息内容，支持定期导出报表（WORD 和 EXCEL），作为系统安全报告。

9.9.2.3　安全主动防御

1．业务子项描述

对于检测到的系统资源异常、运行报错、安全攻击和风险等内容，应具备实时记录和告警能力。实现系统运行和安全问题的可追溯，以及实时多途径通知、在线闭环处理的能力。

2．关联

系统监控、安全防护等业务。

3．工作内容

（1）运行和安全问题的告警记录。对检测到的系统运行问题、安全攻击行为进行告警记录，可记录风险用户或者服务器、告警类型、告警级别、处理时间要求、告警具体内容。

（2）多途径的告警通知。可对不同的告警类型配置不同的告警联系人和告警通知方式，告警通知方式包括短信、邮件、系统消息。

（3）告警的线上闭环处理。对于系统记录的告警内容，需对应联系人进行告警处理进度的维护，处理进度包括已通知、处理中、延期、处理完成。对于到期未处理的告警记录，将继续进行告警通知。

9.9.3　业务要求

安全管理应做到可配置、可监视、可控制、可追踪，具有应急处理能力。

9.10　云计算安全扩展

9.10.1　业务项描述

为保证新一代电力交易平台安全稳定运行，需要在传统安全防护基础上，从云计算环境、云边界安全、云通信网络安全以及云安全管理中心 4 个方面，构建云安全防护体系，实现访问控制、安全隔离、安全审计和入侵防御等。其中，云安全边界安全、云安全通信网络安全、云安全管理中心分别纳入边界安全、网络安全、安全管理中心统筹考虑。

9.10.2　云计算安全环境

1．业务子项描述

新一代电力交易平台的云计算安全环境应以身份鉴别为基础，具备虚拟资源访问控制和虚拟化安全隔离能力，实现云内虚拟资源和虚拟空间安全。应用各个层面的入侵防御、安全审计、恶意代码防范等技术，增强对云计算环境的整体安全保护能力。

2．工作要求

符合本章前述的相关标准规定。

3．工作内容

（1）身份鉴别。云资源环境用户登录时需进行身份鉴别，应满足以下要求：

1）新为用户分配云主机、云数据库等云资源时，应分别采用用户名和用户标识符标识用户身份，并确保在云计算服务的整个生存周期用户标识的唯一性。

2）在云资源管理用户登录时，应采用安全管理中心控制的口令、令牌、基于生物特征（指纹、人脸识别等）、数字证书以及其他具有相应安全强度的两种或两种以上的组合机制进行用户身份鉴别。

3）对鉴别信息进行保密性和完整性保护。

4）用户身份鉴别信息应有复杂度要求，长度至少 8 位，至少包含数字、大小写字母、特殊符号 3 种或 3 种以上的组合，支持自定义配置；针对管理员口令，可自定义设置口令更新频度（原则上至少每 3 个月定期更换 1 次）。

5）具有登录失败处理功能，应配置并启用结束会话、限制非法登录次数和当登录连接超时自动退出等相关措施。

（2）访问控制。访问控制的安全应满足但不限于以下要求：

1）对登录云主机和交易平台的用户分配账号和权限，仅授予用户使用或管理所需的最小权限。

2）禁用默认账户或修改这些账户的默认口令。

3）及时删除或停用多余的、过期的账户，避免共享账户的存在。

4）根据管理用户的角色建立不同账户并分配权限，仅授予管理用户所需的最小权限，实现管理用户的权限分离。

5）由授权主体配置访问控制策略，访问控制策略规定主体对客体的访问规则。

6）访问控制策略主体的粒度应为用户级或进程级，客体的粒度为文件或数据库表级或字段级。访问操作包括对客体的创建、读、写、修改和删除等。

7）对敏感信息资源设置安全标记，并按照权限控制用户对有安全标记信息资源的访问。

8）对于系统管理账号权限，应增加绑定 MAC 地址和 IP 地址配置要求。

（3）安全审计。安全审计包括云日志审计、云数据库审计、运维安全审计、云平台安全审计，均应满足以下要求：①安全审计覆盖到每个用户，对重要的用户行为和重要安全事件进行审计。②审计记录包括事件的日期和时间、用户、事件类型、事件是否成功及其他与审计相关的信息。③提供审计记录查询、分类、分析和存储保护；审计记录产生时的时间由系统内唯一确定的时钟产生。④确保审计记录不被破坏或非授权访问，并对特定安全事件进行报警。⑤对审计进程进行保护，防止未授权的中断。

1）云日志审计。企业管理云和公共服务云应具备云日志审计功能，能够对整个云平台中的各类日志进行集中采集、集中管理和集中审计，并能够实时采集云网络中各种不同厂商的安全设备、主机、操作系统以及电力交易平台产生的日志、事件、报警等信息，并将数据信息汇集到安全审计中心，进行集中存储、展现、查询和审计。

2）云数据库审计。新一代电力交易平台需具备云数据库审计功能，能够通过旁路镜像或日志提取的方式，全程记录网络中一切对数据库的访问行为。经过对访问数据的分析、过滤和解析记录用户访问数据库所做的所有操作以及返回的结果，形成审计日志，便于事后查询与追责。

3）运维安全审计。企业管理云和公共服务云需分别具备运维安全审计功能，应提供用户（Account）管理、授权（Authorization）管理、认证（Authentication）管理和综合审计（Audit）于一体的集中运维管理功能。

4）云平台安全审计。云平台应具备将安全事件、告警等内容统一上报给新一代电力交易平台安全管理中心进行集中审计的功能。

（4）数据完整性保护。通过密码技术，或其他相关技术支持的完整性校验机制，检验存储的用户数据的完整性，以发现其完整性是否被破坏，且在其受到破坏时能对重要数据进行恢复，保障数据的完整性。

（5）数据保密性保护。应根据业务的实际需要，采用密码等保护机制，对在安全计算环境中存储和处理的用户数据进行保密性保护。

（6）数据备份与恢复。交易中心可自行选择采用数据备份软件或利用数据库备份功能，对重要数据进行数据备份，保证系统的高可用性，满足相关要求。

（7）虚拟化安全防护。云上业务应用需要从云外访问到云内和云内不同主机之间的网络流量进行安全访问控制，并针对如 SQL 注入攻击、网页篡改、网页挂马等恶意攻击行为进行安全防御。

（8）入侵防范。

1）网络安全入侵防护应满足以下要求：

a）新一代电力交易平台内网应用，需通过设定终端接入方式或网络地址范围进行访问限制。

b）检测对重要节点的入侵行为，并在发生严重入侵事件时提供报警。

2）云主机安全入侵防护应满足以下要求：

a）应遵循最小安装的原则，仅安装需要的组件和应用程序。

b）应关闭不需要的系统服务、默认共享和高危端口。

c）应能发现可能存在的漏洞，并在经过充分测试评估后，及时修补漏洞。

d）对虚拟机逃逸行为进行检测并进行告警。

e）对云主机主动发起的恶意攻击或恶意对外连接进行检测和告警。

f）具备主机入侵防护监测功能，通过基于大数据模型的入侵快速鉴定技术，实时发现黑客入侵行为。

g）具备对防御 SQL SERVER、MYSQL、SSH、RDP、FTP 等服务的暴力破解攻击的能力。

h）具备主机异常登录报警、主机恶意软件和后门检测及清除，以及主机高危漏洞检测和修复的能力。

（9）恶意代码防范。应具备云主机防病毒能力。

（10）弱点自动检查。应具备 Web 漏扫、数据库漏洞扫描、基线核查、操作系统及应用软件漏洞核查、弱口令检测、端口探测与服务识别六大扫描能力。

9.11　移动互联安全扩展

9.11.1　业务项描述

新一代电力交易平台涉及移动终端应用，需要在移动互联安全方面进行针对性的安全防护，保障移动端应用的操作安全、应用安全、数据安全。

9.11.2　移动互联安全计算环境

1. 业务子项描述

新一代电力交易平台涉及的移动终端，将从移动应用管控、身份鉴别、应用安全、数据安全等方面保障计算环境的安全。

2. 工作要求

同物理安全环境工作要求。

3. 工作内容

（1）移动应用管控。对于移动应用的管控满足以下要求：

1）采取自主可控的 App 安全加固技术，防止自身被篡改、被调试、被反编译，防止代码外泄。

2）从官方渠道下载客户端软件，对从其他渠道下载的客户端软件要验证其签名。

3）支持升级和升级校验功能。

4）移动设备丢失时支持应用锁定功能。

5）移动应用卸载后将数据和文件完全清除，无残留数据。

（2）身份鉴别。身份鉴别的安全满足但不限于以下要求：

1）采用口令认证方式实现身份认证及鉴别，对关键操作采用短信验证码机制。

2）采用两种或两种以上组合的鉴别技术实现用户身份鉴别，如口令＋USBKey、口令＋证书、口令＋生物特征等。

3）在具有交易或其他敏感操作的情况下，支持服务器与客户端间的双向鉴别。

（3）应用安全。应用安全满足以下要求：

1）基于 Android 开发的移动应用，应对 Broadcast Receiver、Content Provider、Intent 等组件进行权限限制、安全配置，避免第三方移动应用随意调用、发生劫持组件的安全。

2）调用安全 SDK 实现安全数据传输、安全键盘、界面防劫持等功能。

3）移动应用应对第三方库进行完整性校验。

4）不得调用存在已知漏洞的第三方库。

5）调用过程中不存在可被恶意利用的漏洞且对重要事务进行重新认证。

6）移动应用的权限限制在程序实现自身功能的最低权限范围内。

7）移动应用对权限申请模块进行完整性校验。

8）移动应用对运行环境进行安全检测，禁止在 ROOT 或"越狱"等环境下使用。

9）基于 Android 开发的移动应用禁止在模拟器环境中运行，如必须运行，则屏蔽敏感操作。

10）采取自主可控技术对移动 App 实现安全监测，及时发现针对移动 App 的恶意攻击行为。

（4）数据安全。数据安全满足以下要求：

1）移动应用中输入隐私数据为非明文显示。隐私数据输入过程中采用具备防截屏机制的加密软键盘，且软键盘布局随机。

2）隐私数据输出时部分或全部屏蔽，禁止完全使用明文显示。

3）独立应用采用加密技术存储隐私数据；微应用可通过公司外网移动应用运行平台实现数据存储。

4）保留最少的用户敏感数据，限制数据存储量和保留时间，达到能满足法律、业务和管理规定需要的程度。

5）禁止在身份认证结束后本地明文存储支付密码等敏感数据。

10 展　　望

10.1　面　临　形　势

新一代电力交易平台采用微服务、云平台架构设计，与以往单体的系统架构有较大差异，系统的配置管理、监控、公共基础组件等方面在电力系统范围内没有可借鉴的成熟经验，为系统的设计带来较大挑战。

在系统监控方面，新一代电力交易平台由众多微服务构成，每个微服务都有自己的数据库和依赖关系，需要对众多监控点和数据进行收集，导致整个系统的监控复杂度大幅增加。微服务架构通常要求具备实时监控和快速响应能力，需要对实时监控和告警相关功能进行设计，通过快速识别和问题定位，缩短故障诊断和恢复能力的时间。新一代电力交易平台依赖大量的云平台组件，对不同类型的云组件进行统一、全面的监控，需要进行全局性的考虑设计。

在安全性方面，微服务架构系统每个服务都需要进行身份验证和授权，需要设计统一的安全认证体系，防止潜在的安全威胁。云平台中的访问控制、组件安全同样需要进行考虑和设计。新一代电力交易平台作为面向社会公众开放、担负交易组织职责的平台，具备较高的被关注度，也面临大量的安全攻击风险，如 DDoS 攻击、恶意访问、外挂访问等，安全防护方面需要重点考虑将传统的被动防护向主动防御转变。

在系统公共组件和服务的构建方面，新一代电力交易平台面临标准化、版本管理、安全性、性能等方面的问题和挑战。标准化方面，需制定适当的标准和规范，以确保不同团队能够有效地共享和使用这些公共组件。在组件的协同开发和维护时，需要对各业务模块的共性需求和所需能力进行调研，将这些需求进行归纳总结，抽取出公共部分作为公共组件对外提供服务，并保障相关组件的协同开发和维护。版本管理方面，公共组件通常需要进行版本控制，以确保现有系统的稳定性和兼容性，管理和升级这些组件时需进行分析和评估，特别是当多个项目依赖于同一个组件时，需考虑对整体的影响，并兼容之前的版本。安全性方面，公共组件被多个服务调用，在设计时需考虑调用过程的防护措施。性能方面，各公共组件为上层业务功能提供基础的公共服务能力，具有调用量和频率都比较高的特点，需在设计时考虑性能要求。

随着业务发展，未来千万级市场主体的入市，在电力交易平台中开展注册、交易等业务带来的高并发访问对平台的承载容量、访问性能、可靠性等方面提出了更高的要求。这对系统的整体架构、部署模式、系统管理方式、底层支撑组件的性能要求等相关设计带来巨大挑战。

10.2　发　展　方　向

1．总体要求、指导思想

技术支撑设计的进一步完善应该在确保系统的稳定性、可用性和安全性的前提下，适应不断演化的技术和业务需求，并根据功能使用、组件调用情况，不断优化系统管理的各项功能，强化系统的监控和配置能力，不断沉淀、丰富、优化各个公共基础组件，为业务功能提供更加适合、全面的支撑能力。

2．未来总体目标

技术支撑设计的总体目标为通过自动化、智能化、安全防护水平、兼容性、可维护性提升，开展架构优势挖掘以及公共组件持续扩展，实现电力交易平台配置、运行更加智能、自动、合规、可靠、高效和安全，以更快适应不断发展的技术和业务需要。通过自动化和智能化提升，实现业务功能自动开展、系统故障自动检测和恢复，并提供智能决策支持、问题快速定位、系统异常修复、保障系统正常运行和访问。通过安全防护水平提升，抵御持续严峻的网络威胁，提升系统数据保护能力、加强系统访问权限控制，保障系统安全稳定运行。通过兼容性提升，适应不同云环境、操作系统、操作终端，实现在多种环境下的正常部署和运行。通过架构优势充分挖掘，利用微服务、云平台在灰度发布、资源弹性扩展等方面优势，提升系统的性能和版本迭代速度。通过公共组件进一步沉淀归纳、持续扩展，实现基础能力的充分发挥，体现公共组件的价值，提升系统开发效率。

3．措施方法

自动化和智能化提升方面，利用人工智能和机器学习技术，以自动执行重复性任务、自动化故障检测和恢复为手段，提供智能决策支持，第一时间发现系统运行问题，自主进行故障处理。基于数据分析和机器学习技术，通过系统管理预测设备和系统故障，采取预防性维护措施，减少停机时间。

安全防护水平提升方面，在强化身份验证、访问控制、数据加密和威胁检测方面继续进行设计提升，并通过人工智能技术对用户行为进行分析，识别用户危险操作，以抵御不断进化的网络威胁。

兼容性提升方面，跨多个云供应商的混合云和多云环境将成为技术发展的主流趋势，系统管理需要适应这一趋势，通过多种云环境下进行的统一封装，提供统一的管理和监控界面。并且对云环境提供的注册中心、配置中心、数据库、缓存、分布式消息等一系列组件进行封装和兼容，对外提供统一的调用接口，实现业务功能的无感使用，以及一套代码在不同云环境下兼容运行。

架构优势充分挖掘方面，微服务、云平台的架构为系统的灰度发布提供了便利的基本条件，利用灰度发布这一优势，实现系统的快速迭代和业务需求的快速响应。此外，通过云平台资源快速扩展、弹性扩容的特点，在特定业务集中开展，高并发访问的情况下，快速扩容相关微服务，提升系统承载能力，保障系统可靠运行，以确保业务连续性。

公共组件充分发挥和持续扩展方面，通过增加公共组件的调用率，及时监测各业务模块对公共组件的调用和使用情况，监控各公共组件的调用次数。对于调用较少的组件进行重构优化，以适应业务需求。对于调用较多的组件开展业务逻辑优化、增配部署资源，提升性能水平，为业务功能提供更好的服务。同时，对于新技术在充分验证安全性和稳定性的前提下融合吸收到交易平台建设之中，为系统提供更加先进、高效的基础公共能力。

4. 发展计划

规划设计阶段，通过融合人工智能、机器学习等前沿技术，对系统监控、安全防护、混合云架构兼容、灰度发布、公共组件等，进行统一规划和提升设计，完成需求分析、设计方案的编制。改造升级阶段，根据前期规划设计和系统运行情况的监测、评估，对系统管理相关功能进行改造，实现系统管理和基础支撑相关组件的智能化、兼容性、支撑能力的全面提升。更新迭代阶段，依靠系统灰度发布能力，实现系统管理各功能、基础支撑各组件的平滑升级，在不影响正常业务开展的前提下，进行功能迭代更新，实现系统自动化和智能化提升、安全防护水平提升、兼容性提升、架构优势挖掘、公共组件充分发挥和持续扩展等方面的优化提升目标。

10.3　预　期　效　果

1. 交易平台核心能力全面提升

在业务支撑方面，通过系统管理功能和公共基础组件的优化提升，让系统在配置方面更加健全、灵活、易用，提升系统的可配置水平和可管理能力，以适应多种运行环境和业务需求；在系统监控方面，可智能应对和自动处理系统故障，辅助系统运维人员全面、及时地了解系统运行情况和问题的深入处理，第一时间发现和处理系统异常，以提升系统运行稳定性；在安全防护方面，可主动识别和防御外部入侵操作和用户违规操作行为，以提升系统安全水平；在架构提升方面，通过微服务、云平台架构的实践和应用，为平台架构的优化提供数据支撑和选型依据。

2．高新技术与交易业务全面融合

通过高新技术的研究和应用，提供人工智能、大数据方面的组件能力支撑，为新业务开展提供数据分析、高效交互、智能预测、风险防控的服务能力；通过大语言模型技术、深度学习技术、自然语言处理技术，提供深入的市场见解，实现价格变化预测、自动回答复杂的市场相关查询、自动化编写电力使用报告和市场分析摘要，提高电力交易工作效率和准确性；通过大数据挖掘、深度学习算法和知识图谱技术，揭示电力供应商、消费者、能源资源和市场政策之间的相互作用，进行影响因素追踪、风险评估和市场预测，为电力市场提供深入的洞察力和决策支持；通过混合云、服务网格架构、分布式计算等技术，提升系统并发能力，为海量用户的入市和高频率交易提供稳定支撑。

在全国统一大市场体系建设背景下，更加稳定、自动、智能、高效的电力交易平台，将为新型电力系统和新型能源体系建设发挥重要作用。

参 考 文 献

[1] 史连军. 能源转型下的电力市场发展思考 [J]. 中国电力企业管理, 2023, (10): 22-26.

[2] 史连军. 电力市场建设需以系统思维统筹推进 [J]. 中国电力企业管理, 2022 (10): 50-54.

[3] 谢开, 彭鹏, 荆朝霞, 等. 欧洲统一电力市场设计与实践 [M]. 北京: 中国电力出版社, 2022.

[4] 史连军, 邵平, 张显, 等. 新一代电力市场交易平台架构探讨 [J]. 电力系统自动化, 2017, 41 (24): 67-76.

[5] 谢开, 张显, 张圣楠, 等. 区块链技术在电力交易中的应用与展望 [J]. 电力系统自动化, 2020, 44 (19): 19-28.

[6] 张显, 郑亚先, 耿建, 等. 支持全业务运作的电力用户与发电企业直接交易平台设计 [J]. 电力系统自动化, 2016, 40 (3): 122-128.

[7] 杨争林, 宋燕敏, 曹荣章, 等. 面向发电集团的电力市场管理系统 [J]. 电力系统自动化, 2006, 30 (19): 84-88.

[8] 国家发展改革委. 关于全面放开经营性电力用户发用电计划的通知 (发改运行〔2019〕1105 号) [Z]. 2015.

[9] 国家电网有限公司. 全国统一电力市场深化设计方案 [Z]. 2018-7-17.

[10] 国家发展改革委. 电力中长期交易基本规则 [R]. 2016.

[11] 郑勇锋, 潘松柏, 孙丽莉, 等. 一体化国网云平台的高可用方案研究 [J]. 电力信息与通信技术, 2019, 17 (7): 46-51.

[12] 承林, 王海宁, 高春成. 微服务在电力交易系统中的应用研究 [J]. 电网技术, 2018, 42 (2): 441-446.

[13] 朱碧钦, 吴飞, 罗富财. 基于大数据的全业务统一数据中心数据分析域建设研究 [J]. 电力信息与通信技术, 2017, 015 (002): 91-96.

[14] 李炳森, 胡全贵, 陈小峰, 等. 电网企业数据中台的研究与设计 [J]. 电力信息与通信技术, 2019, 17 (7): 29-34.

[15] 李信鹏, 刘威, 杨智萍, 等. 电网企业数据中台方案研究 [J]. 电力信息与通信技术, 2020, 18 (2): 1-8.

[16] 赵俊华, 文福拴, 薛禹胜, 等. 云计算: 构建未来电力系统的核心计算平台 [J]. 电力系统自动化, 2010, 34 (15): 1-8.

[17] 王蓓蓓, 李雅超, 赵盛楠, 等. 基于区块链的分布式能源交易关键技术 [J]. 电力系统自动化, 2019,

43（14）：53-64.

[18] 彭小圣，邓迪元，程时杰，等．面向智能电网应用的电力大数据关键技术［J］．中国电机工程学报，2015，35（3）：503-511.

[19] 杨挺，赵黎媛，王成山．人工智能在电力系统及综合能源系统中的应用综述［J］．电力系统自动化，2019，43（1）：2-14.

[20] 夏清，陈启鑫，谢开，等．中国特色、全国统一的电力市场关键问题研究（2）：我国跨区跨省电力交易市场的发展途径、交易品种与政策建议［J］．电网技术，2020，44（8）：2801-2808.

[21] 孙丕石，曹占峰，王亚玲，等．国家电网公司数据交换平台研发与应用［J］．电网技术，2008（22）：66-71.

[22] 程海花，杨争林，曹荣章．电力市场交易中规则库和算法库的开发［J］．电力系统自动化，2010，34（3）：49-52.

[23] 龙苏岩，徐亮，徐骏，等．基于元数据组扩展技术的电能结算方法研究与应用［J］．电网技术，2016，40（11）：59-64.

[24] 丁恰，昌力，涂孟夫．电力现货市场技术支持系统关键技术探讨［J］．电力系统自动化，2018，42（23）：1-8.

[25] 钟华．阿里巴巴中台战略思想与架构实战［M］．北京：机械工业出版社，2017.

[26] 黄龙达，杨争林，庄卫金，等．电力"中长期＋现货"市场全业务支撑平台关键技术研究［J］．电网技术，44（11）：8.

[27] 杨争林，宋燕敏，沈利华．基于 J2EE 的电力市场技术支持系统研究［J］．电力系统自动化，2004，28（8）：5.

[28] 周海明，王海宁，史述红，等．电力市场仿真系统的开发及应用［J］．电网技术，2010（01）：117-121.

[29] 倪超．从 Paxos 到 Zookeeper：分布式一致性原理与实践［M］．北京：电子工业出版社，2015.

[30] 张显，史连军．中国电力市场未来研究方向及关键技术［J］．电力系统自动化，2020，44（16）：1-11.

[31] 史连军，庞博，刘敦楠，等．新电改下北京电力交易中心电力市场综合指数的交易分析［J］．电力系统自动化，2019，43（06）：163-170.

[32] 张显，谢开，张圣楠，等．基于区块链的可再生能源超额消纳量交易体系［J］．中国电力，2020，53（09）：60-70.

[33] 丁一，谢开，庞博，等．中国特色、全国统一的电力市场关键问题研究（1）：国外市场启示、比对与建议［J］．电网技术，2020，44（07）：2401-2410.DOI：10.13335/j.1000-3673.pst.2020.0422.

[34] 夏清，陈启鑫，谢开，等．中国特色、全国统一的电力市场关键问题研究（2）：我国跨区跨省电力

交易市场的发展途径、交易品种与政策建议［J］. 电网技术，2020，44（08）：2801-2808. DOI: 10.13335/j.1000-3673.pst.2020.0392.

［35］曾丹，谢开，庞博，等. 中国特色、全国统一的电力市场关键问题研究（3）：省间省内电力市场协调运行的交易出清模型［J］. 电网技术，2020，44（08）：2809-2819. DOI: 10.13335/j.1000-3673.pst.2020. 0435.

［36］高春成，嵇士杰，刘永辉，等. 电力现货市场运营机制及综合评价方法研究［J］. 数学的实践与认识，2022，52（10）：64-74.

［37］刘永辉，张显，孙鸿雁，等. 能源互联网背景下电力市场大数据应用探讨［J］. 电力系统自动化，2021，45（11）：1-10.

［38］刘永辉，张显，谢开，等. 能源互联网背景下的新一代电力交易平台设计探讨［J］. 电力系统自动化，2021，45（07）：104-115.

［39］张圣楠，刘永辉，胡婉莉，等. 电力交易平台业务中台设计研究［J］. 电网技术，2021，45（04）：1364-1370. DOI:10.13335/j.1000-3673.pst.2020.1877.

［40］张显，冯景丽，常新，等. 基于区块链技术的绿色电力交易系统设计及应用［J］. 电力系统自动化，2022，46（09）：1-10.

［41］张圣楠，张显，薛文昊，等. 基于区块链的可再生能源消纳凭证交易系统性能优化［J］. 电力需求侧管理，2021，23（02）：10-15.

［42］王栋，张显，李达，等. 基于分布式异常检测的电网区块链安全防护方案［J］. 计算机应用，2023，43（S1）：139-146.

［43］宋莉，刘敦楠，庞博，等. 需求侧资源参与电力市场机制及典型案例实践综述［J］. 全球能源互联网，2021，4（04）：401-410. DOI:10.19705/j.cnki.issn2096-5125.2021.04.009.

［44］刘敦楠，庞博，宋莉，等. 能源互联网环境下零售主体价值发现与实现策略［J］. 全球能源互联网，2020，3（06）：618-625. DOI:10.19705/j.cnki.issn2096-5125.2020.06.009.